# 孩子吃苦有學問

## Frustration Education

### 每個孩子都要學習的6堂挫折教育課

幼教專家
江 慧◎著

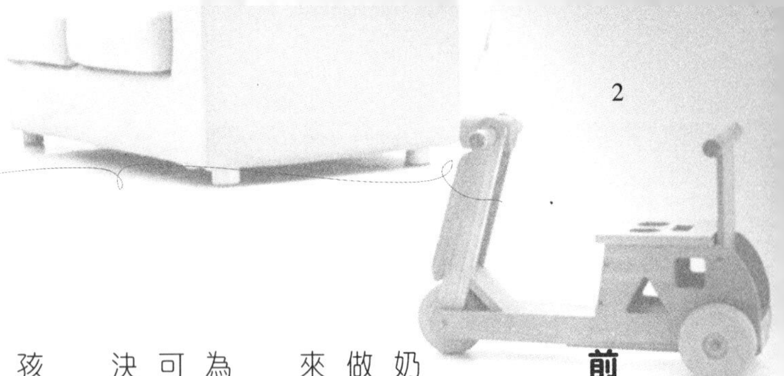

# 前言

孩子小的時候我們操心如何讓孩子吃得飽、穿得暖，健康快樂的長大。我們給孩子買高級奶粉，吃最有營養的早餐，穿最舒適、最漂亮的衣服。什麼好買什麼，什麼貴買什麼，而我們做這些只是為了保持孩子能夠擁有一個健康的體魄，給孩子一個寬鬆愉悅的童年，為孩子的將來打下最堅實的基礎。

孩子上學了，長大了，我們要操心的更多了。我們為了讓孩子上最好的學校忙前忙後；為了讓孩子專注於學習，我們包攬了孩子生活中的全部。為了滿足孩子的要求我們費盡心血，可是孩子還是不能吃苦，不能忍受挫折，遇到困難只想著如何逃避，如何推給父母來替自己解決。進而使驕傲自滿、眼高手低等缺點成了現在孩子的通病。

面對這樣的情況，我們常常會疑惑，我們將最好的物質條件和最多的愛給了孩子，為什麼孩子還是無法成材呢？

原因恰恰就在於此，現在的孩子享受的太多，付出的太少，只能享福，不能吃苦。而人生也好，社會也罷，成功和失敗是並存的，挫折和機遇也是共生的，吃苦、挫折、磨難是人生必須經歷的，也是人生必不可少的一筆財富。

香港首富李嘉誠是身價超過千億元的富翁，他被美國的《時代》雜誌評為全球最有影響力的25位企業界領袖之一。而這樣一個成功的人士，卻幼年喪父，十四歲就扛起了家庭的重擔。李嘉誠說：「我十七歲開始做批發的推銷員，就更加體會到賺錢的不易、生活的艱辛了。人家做八個小時，我就做十六個小時。」這樣的生活簡直就是一場嚴酷的考驗與磨練，而李嘉誠就是在這樣殘酷的環境中一步一步走向成功的。

這同樣也告訴我們一個道理：不能吃苦、不肯吃苦是不可能獲得任何成功的。

我們總是希望孩子順利而不遭遇挫折，幸福而不遭受苦難，成功而不會遇到失敗。然而在現實生活中，挫折與苦難往往是難免的，這不是孩子想逃避就能逃避得了的，也不是我們想保護就能保護得了的。

也許我們會覺得這是一種無奈，其實這也是一個機會。面對人生路上的苦難和挫折，如果孩子能夠以一種積極樂觀、堅強不屈的精神去面對它，去戰勝它，用一種科學的、合理的方式去解決它，那麼孩子想不成功都難。

所以，我建議父母們要讓孩子在小的時候就經歷一些磨練，培養孩子吃苦耐勞的精神。

要知道經歷挫折和苦難是人生的一門必修課，而不是選修課。挫折可以磨練孩子的意志，昇華孩子的精神，促進孩子的成熟，完善孩子的品格。如果孩子把挫折看成是成功的前奏，我們就會發現孩子所受的這些苦將會豐富孩子的閱歷，使他的人生變得多采多姿。

我們常說，如果該吃苦的時候不吃苦，那麼到了不該吃苦的時候就一定會吃大苦。但如何讓孩子吃苦？怎樣讓孩子吃苦？這就是一門學問了。因為吃的苦輕了，達不到教育的目的；吃的苦重了，又會打擊孩子的積極性。什麼時候讓孩子吃苦？孩子不願意吃苦怎麼辦？孩子苦也吃了，目的卻沒有達到，這如何是好？孩子心理抗壓能力低怎麼調節？孩子在生活中遇到了困難，該如何引導？這些都是實在且會在孩子的成長中碰到的問題。這些問題如果解決不好，將會直接影響孩子的成長。

這是一本關於「吃苦教育」的實用手冊，這本書從幫助父母的角度出發，以圖文並茂的形式講述了如何在孩子的生活中、學習中、人際交往中，讓孩子在吃苦的同時獲得成功。這本書淺顯易懂，卻又充滿科學性和趣味性。

相信本書能解答父母在教育孩子的過程中所遇到的困惑，能帶給孩子不一樣的感受，讓父母換一種角度來愛孩子。

Directory

## 第三課　別把困難當回事——讓孩子在學習的樂園裡碩果纍纍

# Directory

## 第六課　吃苦是福——全世界父母都需借鑑的範例

# Lesson 1

# 吃苦當吃補

## ——讓孩子在父母的引導下健康成長

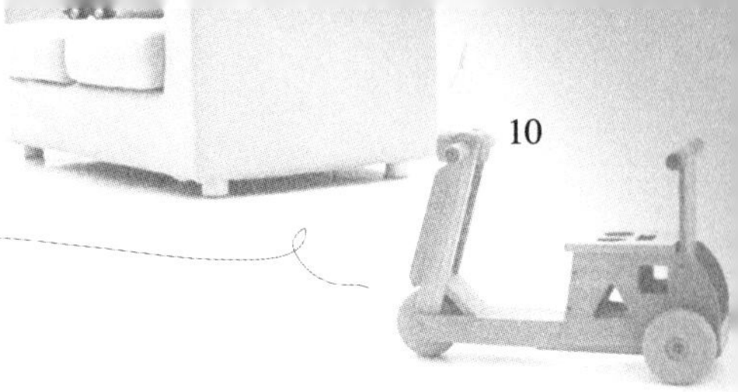

# 神奇測試：孩子的吃苦能力指數

1. 孩子會經常主動做家事嗎？

A.從來沒有　B.偶爾會　C.很少會　D.經常會

2. 孩子會主動整理自己的房間嗎？

A.從來沒有　B.偶爾會　C.很少會　D.經常會

3. 孩子自己的衣服會自己洗嗎？

A.從來沒有　B.偶爾會　C.很少會　D.經常會

4. 孩子寫完作業後，會主動收拾自己的書桌嗎？

A.從來沒有　B.偶爾會　C.很少會　D.經常會

5. 孩子吃完飯後，會主動收拾餐桌嗎？

A.從來沒有　B.偶爾會　C.很少會　D.經常會

6. 洗臉、洗澡過後，孩子會主動收拾好自己的生活用品嗎？

A.從來沒有　B.偶爾會　C.很少會　D.經常會

7. 玩耍過後，孩子會自己收拾自己的玩具嗎？

A.從來沒有　B.偶爾會　C.很少會　D.經常會

8. 孩子會主動清理自己的私人物品嗎？
A.從來沒有　B.偶爾會　C.很少會　D.經常會

9. 遇到不喜歡吃的東西，即使父母餵，孩子也常常不吃嗎？
A.從來沒有　B.偶爾會　C.很少會　D.經常會

10. 孩子出門會經常坐計程車嗎？
A.從來沒有　B.偶爾會　C.很少會　D.經常會

11. 父母忙不過來，要求孩子幫忙，孩子會：
A.沒有時間　B.不樂意幫忙　C.雖然幫忙，但總想著趕快做完，做的並不好　D.很樂意幫忙

12. 家裡吃的東西，是為孩子一個人準備的嗎？
A.從來沒有　B.偶爾會　C.很少會　D.經常會

13. 會經常給孩子買衣服、玩具，而不管孩子需不需要嗎？
A.從來沒有　B.偶爾會　C.很少會　D.經常會

14. 會經常給孩子零用錢嗎？
A.從來沒有　B.偶爾會　C.很少會　D.經常會

15. 孩子會經常在外面吃飯嗎？
A.從來沒有　B.偶爾會　C.很少會　D.經常會

16. 孩子會經常和別人攀比嗎？

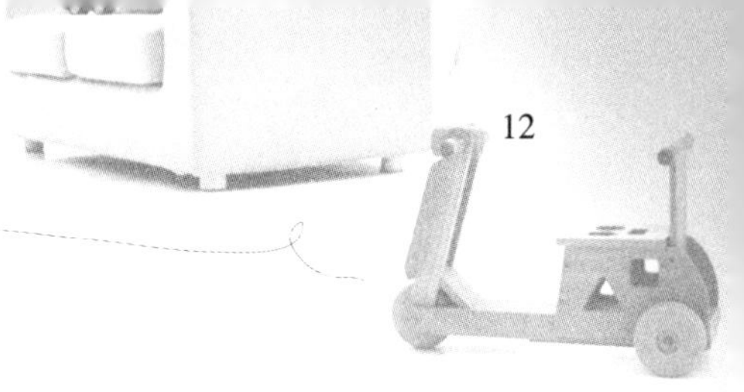

17. 孩子暑期會打工嗎？

A.從來沒有　B.偶爾會　C.很少會　D.經常會

18. 孩子會經常鍛鍊身體嗎？

A.從來沒有　B.偶爾會　C.很少會　D.經常會

19. 孩子會經常向父母提要求嗎？

A.從來沒有　B.偶爾會　C.很少會　D.經常會

20. 不滿足孩子的要求時，孩子會經常發火、生氣、哭鬧，不達目的不甘休嗎？

A.從來沒有　B.偶爾會　C.很少會　D.經常會

21. 父母責怪孩子的時候，孩子會經常表現出不耐煩嗎？

A.從來沒有　B.偶爾會　C.很少會　D.經常會

22. 孩子會經常對父母挑三揀四嗎？

A.從來沒有　B.偶爾會　C.很少會　D.經常會

23. 父母會經常認為孩子「嬌氣」、「懶惰」嗎？

A.從來沒有　B.偶爾會　C.很少會　D.經常會

24. 孩子遇到困難會經常向父母哭訴嗎？

A.從來沒有　B.偶爾會　C.很少會　D.經常會

## 孩子吃苦能力測驗評分表

| 序號 | 選項 A | 選項 B | 選項 C | 選項 D | 得分 |
|---|---|---|---|---|---|
| 1 | 1 | 2 | 3 | 4 | |
| 2 | 1 | 2 | 3 | 4 | |
| 3 | 1 | 2 | 3 | 4 | |
| 4 | 1 | 2 | 3 | 4 | |
| 5 | 1 | 2 | 3 | 4 | |
| 6 | 1 | 2 | 3 | 4 | |
| 7 | 1 | 2 | 3 | 4 | |
| 8 | 1 | 2 | 3 | 4 | |
| 9 | 4 | 3 | 2 | 1 | |
| 10 | 4 | 3 | 2 | 1 | |
| 11 | 1 | 2 | 3 | 4 | |
| 12 | 4 | 3 | 2 | 1 | |
| 13 | 4 | 3 | 2 | 1 | |
| 14 | 4 | 3 | 2 | 1 | |
| 15 | 4 | 3 | 2 | 1 | |
| 16 | 4 | 3 | 2 | 1 | |
| 17 | 1 | 2 | 3 | 4 | |
| 18 | 1 | 2 | 3 | 4 | |
| 19 | 4 | 3 | 2 | 1 | |
| 20 | 1 | 2 | 3 | 4 | |
| 21 | 4 | 3 | 2 | 1 | |
| 22 | 4 | 3 | 2 | 1 | |
| 23 | 4 | 3 | 2 | 1 | |
| 24 | 4 | 3 | 2 | 1 | |
| 總計 | | | | | |

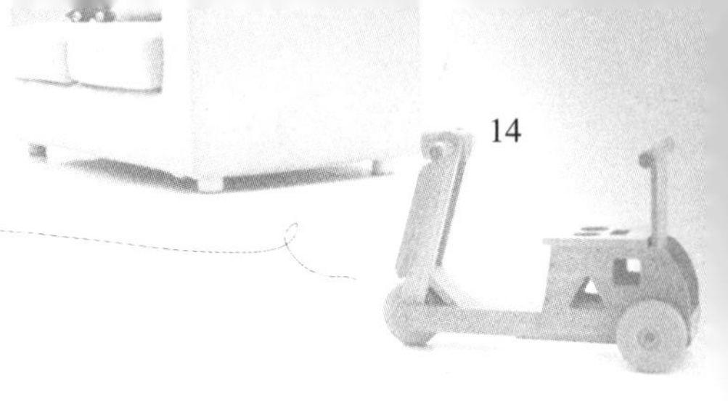

**【評價標準】**

1～23分：要對你的孩子亮紅燈了，因為你的孩子是一個不能吃苦的孩子，什麼事情都需要父母的幫忙，離開父母的幫忙，他什麼都不會做。如果再這麼繼續下去，你將會面對越來越多的事情，總有一天你會感到力不從心。

24～47分：你的孩子吃苦能力一般，雖然孩子自己知道自己的事情要自己做，但因為孩子懶惰，或者過於依賴父母，而且父母常常不自覺地代替孩子，這就造成孩子很少動手。這樣的做法是不可取的，父母一定要培養孩子的獨立能力，讓孩子自己的事情自己做，親身體會到生活的艱辛和快樂。

48～71分：你的孩子吃苦能力屬於中等偏上，雖然能吃苦，但不會主動去「吃苦」。遇到自己的事情，孩子會處理的很好，但不會主動幫助父母處理家務。推而廣之，遇到一些看似與己無關的事情，孩子會選擇漠視。

72～96分：你的孩子很願意吃苦，而且能苦中作樂。孩子從內心裡並不覺得這樣做有多麼辛苦，反而能從中獲得滿足。每當孩子完成某件事，他會肯定自己的能力，變得越來越有自信。

# 第一節　你準備如何培養你的孩子？

父親和母親是如同教師一樣的教育者，他們不亞於教師，是富有智慧的人類創造者，因為孩子的智慧在他還未降生到人間的時候，就從父母的根上伸展出來。

——蘇霍姆林斯基

孩子還未來到這個世上時，如何培養孩子就已經被列入了計畫表。像千千萬萬的父母一樣，我也希望我的孩子擁有美好的人生，擁有光輝的未來，為此，我制訂了大大小小的計畫，腦子裡保存著許多的想法。

我希望我的孩子聰明、優秀、懂事、乖巧、認真、細心、善良、健康、快樂……人類身上所能擁有的美好品行都能在我的孩子身上表現出來。

可是，我的孩子並不領情。

雖然她是個小女孩，頑皮起來卻絕不亞於男孩子，說什麼就是什麼，要什麼絕不能拿別的，什麼懂事乖巧，什麼細心認真，什麼文靜溫柔，和她一點也沾不上邊。相反，她的衣服總是髒兮兮的，她的房間總是亂糟糟的，她的布娃娃常常不知所蹤，她總是不停地說著奇奇怪怪的話……她的成長離我的要求越來越遠，我所制訂的培養計畫，根本應付不了她每天出現的各種狀況。

我開始疑惑，我的孩子到底要怎樣成長？我應該如何培養她？經過一段時間的反思，我才真正明白，每個孩子都是世上獨一無二的寶貝，我怎麼可以用一個固定模式來要求她呢？孩子的成長是未知的，每天都會有新的狀況出現，即便再完美的計畫也不可能一勞永逸地解決所有問題。

因此，我不再對她管東管西，不再要求她每天一定要做什麼，不要做什麼，也不再強迫她什麼時候要吃飯，什麼時候要睡覺。我開始學著放手，學著有意識地引導，學著如何和她溝通，學著細心傾聽她的那些看似沒頭沒腦的想法。

這並不是說我要對我的孩子完全放手，我只是在孩子的成長中漸漸明白，如果說孩子是幼苗，父母是園丁，那麼，做為園丁的父母就一定要對幼苗修修剪剪，將幼苗培養成參天大樹，但園丁絕不能違背樹木的本性，對她的成長造成損害。

做父母的素養和理性表現在，每當自己準備採用什麼方法教育孩子時，都要對所採取的方法思考一下：這種方法是孩子喜歡的還是反感的，它對孩子的影響是正面的還是負面的，是眼前的還是長遠的，是高尚的還是庸俗的？不思考這些，只是憑願望和計畫是不能培養孩子的。

培養孩子是一項艱巨而複雜的工程，這項工程的浩大和複雜超出我們的想像。孩子一天天在成長，每天都會發生許許多多我們無法預料的事情，我們沒有一個現成的模式可以去依賴，一切只能遵循孩子的本性來尋求科學的方法，使孩子健康、快樂、幸福地成長。

## 建議一：不要把成人的想法灌輸給孩子

留足夠的空間讓孩子思考，這是我給所有做父母的第一個建議。做父母的有必要反思一下，我們是不是經常代替孩子思考，代替孩子做選擇，代替孩子做決定？我們總認為自己的人生閱歷和人生經驗即使不能說得上豐富，但教導孩子、判斷孩子的對錯絕對足夠。

伴隨著這種自信，我們常常會把自己的想法灌輸給孩子，一旦孩子不能照做，我們便會大呼小叫，生怕孩子一步走錯，以後的人生步步都錯。可是我們想過沒有，我們憑什麼以為自己一定就是對的。即使我們可以確定我們是對的，我們又憑什麼保證這些建議、這些思想一定適合孩子。即使我們能夠確認一定適合孩子，可是我們怎麼能夠知道孩子一定會喜歡。

我們常常會給孩子講一些小故事，以此讓他懂得人生的哲理。不知道你注意過沒有，我們在講故事的時候會用我們的聲調和感情向孩子傳達我們的感悟，而且我們常常會在故事的結尾，告訴孩子這個故事是在說什麼，講的是什麼道理。其實，這樣的做法是不正確的。孩子的想像力是無窮的，如果我們把現成的資訊傳達給孩子，他的想像力就沒有了發揮的空間，慢慢地，孩子就會失去思考的興趣。

長大後能夠成功的孩子常常是有著自己想法的孩子，想要讓自己的孩子成功，做父母的一定要讓孩子擁有自己的想法，這是保證孩子成功的前提條件。

## 建議二：言傳身教比什麼都重要

女兒到了認字的年齡，我開始有意識地引導她自己看書，童話書、小圖片……等，剛開始的時候還很吸引她，經過一段時間後，她的不耐煩和不認真慢慢地表現了出來。我沒有像以前那樣要求她每天一定要認多少字，而是放下手邊的工作，拿了一本童話書陪著她閱讀。正是這種潛移默化的影響，女兒小腦袋不再東張西望，小屁股也停止在椅子上來回移動，她開始靜下心來識字，並把學習當成了一種樂趣。

言傳不如身教，如果在孩子學習的時候，父母沉浸在一部又一部的電視劇中，又怎能讓正處在好奇心旺盛時期的孩子不動心？電視嘈雜聲中，孩子怎會安心地思考、學習、創造？

孩子的模仿性很強，而且他所模仿的對象常常是自己的父母。父母的言行常常會在孩子的成長中留下難以磨滅的印象，這種影響是巨大的，而且會超出我們的想像。我常常會說的一句話是，父母想要孩子怎樣，父母首先就要怎樣。

所以，當孩子在學習的時候，不要急於忙著自己的事情，要讓孩子體會到，並不是她一個人在學習，並不是她一個人需要學習，即使到了當媽媽的年紀，學習也是必不可少的。當然，在父母的陪伴下，孩子會更有做事情的成就感。

## 建議三：學會傾聽孩子的奇思妙想

女兒有時會在我做飯的時候跑來對我說：「媽媽，為什麼會下雨啊？」，「媽媽，太陽為什麼不能和月亮一起出來？」這時候我無論在做什麼，都會放下手邊的事情，蹲下身子，聽她把話說完，並引導她說出自己的想法和觀點，哪怕是幼稚和可笑的。我們要知道適時的肯定和疑問總會讓孩子更有傾訴的慾望，會讓孩子更有成就感。

如果我們不希望和孩子的距離越來越大，就請學會傾聽，學會和孩子溝通。傾聽孩子的奇思妙想，傾聽孩子願意和父母交流的每一個觀點。

我們應該行走在孩子的心田，讓孩子覺得我們是他最親近、最值得信賴的人，這樣孩子才願意將自己的奇思妙想與我們分享，才敢於說出自己想說的話。

## 建議四：告訴孩子真實的世界

告訴孩子關於這個世界的一切。

要讓孩子知道這個世界不僅有鮮花，有掌聲，還會有臭雞蛋和喝倒采；這個世界不僅有愛心，還會有自私、冷漠和無動於衷；這個世界不僅有真、善、美，還會有假、惡、醜；在這個世界中，我

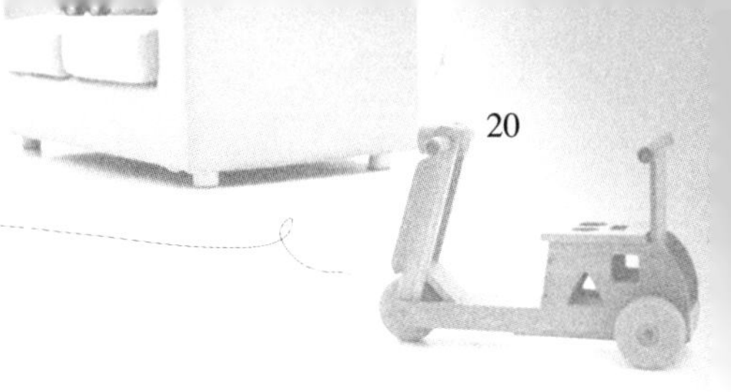

們看到的、聽到的不一定就是事情的真相。

我們總希望孩子的生活中只有幸福、快樂，而事實是，我們的孩子遲早都需要面對這個世界的種種真相。所以，與其讓孩子在未來品嚐苦難的滋味，不如在日常的生活中讓孩子吃一點苦、受一點罪。

我們不能預測孩子的未來究竟會怎樣，因為這是無法預測的。但可以肯定的是，我們的孩子一定要有自己的人生。

我不會要求孩子去學什麼才藝，如果她喜歡，我也不會反對。我不會要求孩子將來一定要做什麼，並且現在開始做準備。我不會要求孩子一定要上什麼明星大學，讓孩子一個人在我的要求裡苦苦掙扎，我也不會要求孩子在哪方面特別突出，因為做一個平凡人也有屬於平凡人的驕傲。

我會衷心希望我的孩子做一個快樂的人，既可以自己快樂，也能給別人帶來快樂。

我會衷心希望我的孩子做一個健康的人，擁有在未來的風風雨雨裡揚帆起航的健康體質。

我會衷心希望我的孩子做一個富有幽默感的人，學會自嘲和解嘲，一切都不能對她造成傷害。

我會衷心希望我的孩子做一個樂觀的人，面對黑暗和絕望，還會相信一切都會好轉的，一切都會雨過天晴。

我會衷心希望我的孩子能夠吃苦，能夠正視一切失敗和挫折，無論遇到多大的困難，都不會主動放棄自己的理想，而是勇敢抵達終點。

我的孩子可以不成功，但一定要有成長的意願；我的孩子可以不成功，但一定要驕傲地活在這個世界上。

做為父母的你們，準備好了嗎？

**教子箴言**

1. 成材與否固然有先天的因素，但更重要的則是後天教育。
2. 也許孩子有很多夢想沒有機會實現，但別讓父母代替孩子實現，記住，那是你的夢想，不是孩子的夢想。
3. 請讓孩子自力更生，如果萬事皆由父母替孩子完成，那麼孩子將來永遠也學不會做事。

# 第二節

## 要捨得讓孩子早吃苦

你想成為幸福的人嗎？那麼首先要學會吃苦。能吃苦的人，一切的不幸都可以忍受，天下沒有跳不出的困境。

——屠格涅夫

早上，天氣陰沉沉的，烏雲已在頭頂盤旋，眼看著就要下雨。沒過一會兒，大雨果然傾瀉而下。女兒還在吃早餐，她抬起那可愛的小臉蛋，問我：「媽媽，下雨了，可以不去學校嗎？」我脫口而出的一句話是：「去吧！下雨怕什麼？」女兒有點不情不願，但看我態度堅決，就悶悶不樂地吃完飯，然後背起她的小書包，低著腦袋走出了門。看著女兒打著花雨傘，穿著小雨靴，晃晃悠悠地上了校車，我才回到房間。

下雨了，又這麼大，孩子呢？又這麼小，不去上學，其實也沒有什麼。可是，我並不希望我的孩子連這麼小的一點風雨都承受不了。我也不希望她在這麼小的困難面前都要退縮、逃避。我更不希望因為我的不捨讓她有了依賴和躲避的藉口。

孩子還小，生命的里程才剛剛開始，還不明瞭生命中不僅有晴天，還有雨天；不僅有花裙子，還有小污點。她還有很長很長的路要走，路上也許會一帆風順，也許會雷電交加，而我，卻不能永遠做她遮風擋雨的港灣。總有一天，她也會不再需要我的懷抱。她這個年齡，剛剛開始品嚐生活，第一口是甜的，就讚美生活，第一口是苦的，就詛咒命運。而生活很耐心地等待她自己懂得不論是苦是甜，都需要用一生的時間去感悟。

而我所能做的只是在她不願意出門的時候，推她一把；在她不願意面對的時候，要求她一下；在她想依賴的時候，捨得放手。

我並不是希望我的孩子一定要多麼的堅強和勇敢，我只是希望她在應該出門的時候有跨出去的勇氣，在應該吃苦的時候能夠承受得住苦難的考驗。

每個人來到這個世上，上帝都會給他一個使命和責任。為了考驗這個人有沒有能力完成，上帝首先會設置一些挫折，能夠在挫折和苦難的打擊下堅強站立起來的人才能獲得上帝的青睞。

試想，沒有吃過苦的孩子怎麼會發現自己生活的珍貴；沒有體會到生活不易的孩子怎麼會明白幸福的生活要靠努力才能得到的道理。

十九世紀俄國著名作家屠格涅夫說：「你想成為幸福的人嗎？那麼首先要學會吃苦。能吃苦的人，一切的不幸都可以忍受，天下沒有跳不出的困境。」為了讓孩子以後能夠幸福，父母是不能心疼孩子吃苦的。

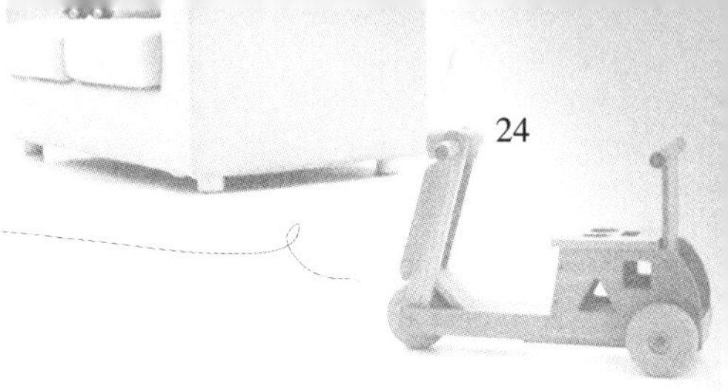

在孩子還小的時候，培養孩子吃苦耐勞的精神，對孩子來說只是為未來的成功和輝煌積賺一點本錢。況且孩子吃點苦又算什麼呢？凡是世界上有所作為的人，哪個沒有吃過苦呢？

一次演講會上，有人問六十九歲的日本「推銷之神」原一平推銷的秘訣是什麼，他當場脫掉鞋襪，將提問者請上講臺，說：「請你摸摸我的腳板。」提問者摸了摸，十分驚訝地說：「您腳底的老繭好厚呀！」原一平說：「因為我走的路比別人多，跑得比別人勤。」

由此可見，吃苦的好處是顯而易見的，吃過苦的人會離成功更近。

父母也懂得這些道理，但未必捨得讓他們的孩子去吃苦。當他們看到孩子對飯菜挑三揀四，他們會生氣，埋怨說以後等孩子成家了沒人給孩子做飯吃了，孩子就不這麼挑剔了。當他們看到孩子對自己買給他的新衣服不滿意，他們會傷心，抱怨說以後等孩子長大了，就再也沒有人給孩子買衣服了。

這樣的話說過多次，做飯的還是兢兢業業地做，吃飯的還是漫不經心地吃；買衣服的還是興高采烈的買，穿衣服的還是不情不願的穿。

老調重彈的話，說不到孩子的心裡，說了還不如不說。

可是媽媽們為什麼就不趁著孩子放暑假，放手讓孩子為家裡做一頓飯菜？為什麼不在平時的生活中，讓孩子清洗自己的衣物，打掃自己的房間？為什麼不放開懷抱，讓孩子體驗一下生活的艱辛？難道非得等到他長大了、成家了，等到沒人給他做飯吃的時候，才讓他體會飯菜端到桌子上真正是「粒粒皆辛苦」？難道非要等到沒人給他洗衣打掃的時候，才能體會到「有媽的孩子像塊寶」？

為什麼不是現在，為什麼不是今天？

口頭說教一百遍，永遠不如一次行動給孩子帶來的認知和體會。所以，給孩子一個「吃苦」的機會，不要讓我們的不捨成為孩子前進道路上的絆腳石。

其實，做父母的都明白，孩子想要在這個社會上立足，苦是一定要吃的，罪是一定要受的。與其面臨苦難時措手不及、一蹶不振，與其在打擊面前頹廢哀傷、淚流滿面，與其畢業後在工作崗位上處處碰壁，不如早點讓孩子把這些苦都吃了。

早一點讓他體會這些可能引發的一些正面而積極的連鎖反應，遠超孩子的預期。

畢竟，孩子不可能永遠生活在父母的庇護之下，社會不可能像父母那樣去嬌寵他、寬容他、毫不計較地接納他。父母捨不得讓他吃苦，可是社會捨得，生活捨得。

既然遲早都要吃苦，遲早都要獨自面對生活的磨難，為什麼不從現在開始，就教他如何堅強，如何自立，如何忍耐，如何有韌性呢？

張愛玲說：「出名要趁早。」父母們也要明白一句話：吃苦要趁早。早一點讓孩子理解苦難的意義，懂得在苦難中成長，遠比給他留下的那些存款、房產和汽車要來得更有價值。

當然，強調讓孩子吃苦，讓孩子早吃苦，並不是說孩子吃的苦越多越好，也不是說孩子吃的苦越多將來就一定會成功，而是提醒父母們不要刻意去避免孩子受苦。在該吃苦的時候不讓孩子吃苦，最後傷害的還是孩子自己。

臺灣有一句很流行的話：吃苦當吃補。很多父母認為孩子只要好好讀書，將來就會有出息，但對於孩子來說，人生需要經歷很多的事情，讀書只不過是其中的一種。如果父母怕孩子吃苦，幫孩子把讀書以外的事情都做了，就等於讓孩子失去了學習和自立的機會。

## 教子箴言

1. 讓孩子吃點苦，他才會備感生活的甘甜。
2. 成功是在苦難的土壤中慢慢生根、發芽的，早點開始，早點收穫。
3. 並不是孩子吃的苦越多越好，更不是說孩子吃的苦越多將來就一定會成功，而是我們不要刻意不讓孩子吃苦。

# 第三節 當吃苦成為目的，教育便失去意義

從長遠利益考量，讓孩子從小適度地知道一點憂愁，品嚐一點磨難，並非壞事，這對培養孩子的承受力和意志，對孩子的健康成長或許更有好處。

——佚名

都說現在的孩子貪圖享受，不能吃苦；現在的孩子是溫室的花朵，不能經歷外面的風風雨雨；現在的孩子心理脆弱，一點小風小浪就能讓自己擱淺在成功的彼岸，無法前行。

是的，我們得承認，現在的孩子，過慣了養尊處優的安逸生活，從小到大一帆風順，一路走得太順，連點像樣的挑戰都沒有碰到；現在的孩子擁有我們祖輩累積了幾輩子的幸福和財富，已經算是站在了「巨人」的肩上；他們還乳臭未乾、毛毛躁躁就已經叫囂著「未來一定屬於我們，成功一定屬於我們！」

面對這種情況，當父母的憂慮了、害怕了。擔心我們的孩子受不了雷電的驚嚇、狂風的考驗；擔

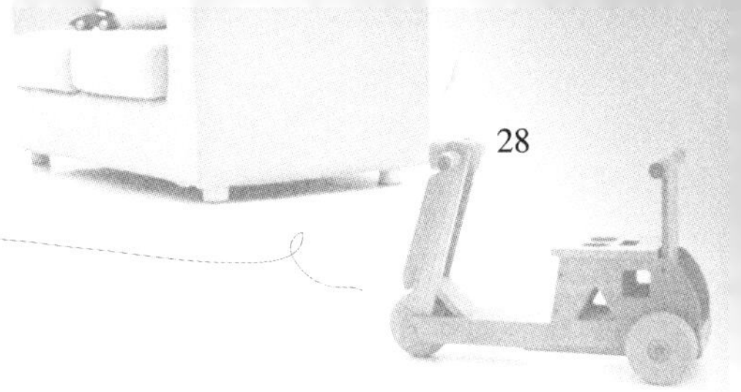

心我們的孩子受到委屈，會在失敗中一蹶不振，永不翻身。所以，我們希望讓孩子早點吃點苦頭，不至於苦難來臨時慌了手腳。

一個小男孩學騎車，旁邊站著他的父親。沒有一句指導，沒有一絲安慰，小男孩自然是摔了又摔。終於，孩子坐在地上，哇哇大哭，傷心欲絕。父親依舊是那麼筆挺地站著，眼中滿是冷漠與無動於衷。孩子多麼渴望爸爸的鼓勵，沒有；孩子是多麼渴望爸爸的擁抱，還是沒有。只有那雙空洞的眼睛，讓孩子感到冷酷與無情。終於，孩子不哭了，倔強地站起來，跨上車，開始又一次的嘗試。父親早已是興趣索然，轉過身，邁著大步，走了。身後又是一陣金屬與地面的摩擦聲，父親只是不經意地回了一下頭，手卻在顫抖。孩子站起來，想著父親冷漠依舊的眼神，兩行熱淚莫名其妙地滑過他的臉頰……

只有做過父母的我們才會和故事中的父親感同身受，才能夠明白父親在沉默之中蘊含的那些熱切的鼓勵。

可是做兒子的卻不一定會明白，於是這個故事就有了兩種結局。

一種結局是小男孩能夠理解父親的苦心，能夠感悟到這無言的內涵。這沉默的父愛會指引著兒子一步步成長，成為一個像父親一樣的男人。

一種結局是小男孩不能夠理解父親的用心良苦，也許這一幕會永遠印刻在兒子的心頭，縱使走到天涯海角，他也不會忘記父親那深沉複雜的眼神，因為那眼神中沒有他所期待的力量。

一個故事，兩種結局。父母肯定希望孩子是第一個結局裡的小男孩，能夠懂得、理解父母的苦心。

而現實就真的如父母所願嗎？

我們永遠不能把想像、希望當作孩子未來的賭注。

我們讓孩子吃苦，是害怕孩子不願吃苦，不能吃苦。

我們要讓孩子吃苦，是害怕我們太過關愛孩子，捨不得讓孩子吃苦。

的確，這世上願意吃苦的人確實不多，沒有幾個人能把吃苦當成一種享受。

所以，我們總是教育我們的孩子，吃得苦中苦，方為人上人。並且認為這是不言而喻、顯而易見的事情，並不需要對孩子解釋什麼。

可是孩子會疑惑，會不解：吃苦的意義何在？我們為什麼要吃苦？明明可以坐公車，為什麼要打著吃苦的名號走著去學校？明明可以去享受美食在舌尖舞蹈，為什麼卻被告知因為要吃苦，所以不能享受？

我們做父母的總是很容易走極端，對孩子好，就掏心掏肺地溺愛孩子、嬌慣孩子，孩子要什麼就給什麼，孩子說什麼就是什麼；聽說吃苦好，就讓孩子做家事、洗衣服，孩子需要幫助也不伸手，孩子苦苦哀求也不心軟，美名其曰為孩子好，讓孩子早點體會社會的艱辛。殊不知，孩子可能還有作業沒有寫，還有課外活動沒有體驗；殊不知孩子這時候最希望得到的是一句安慰，一個鼓勵，而不是父母的默不作聲。

做為父母，我們總是忘記自己已經是個成年人，總是不能站在孩子的角度思考問題。

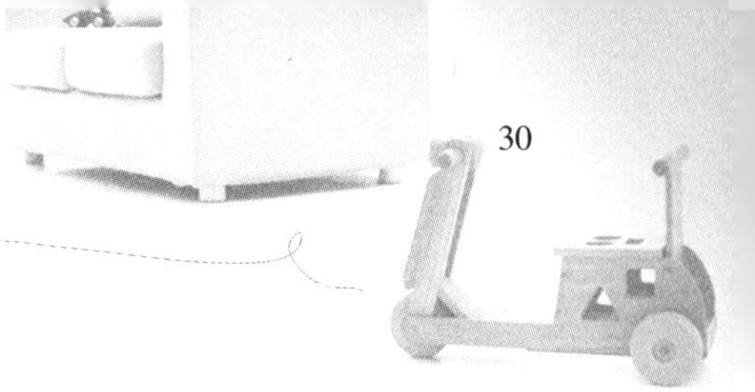

我們不能說吃苦好就讓孩子經歷一些莫名其妙、沒頭沒尾的苦。我們不能因為我們覺得吃苦好，就單純地把吃苦當作目的。

我們要知道吃苦只是一種手段，而並非最終目的。

讓孩子在吃苦中經歷一些坎坷磨難；讓孩子在吃苦中明白堅持的魅力；讓孩子在吃苦中體會人世的艱辛；讓孩子在吃苦中擁有勇於奮鬥的勇氣；讓孩子在吃苦中把人生演繹的多采多姿，這才是真正的吃苦。

吃苦的意義在於，讓孩子在吃苦中學會成長，而不是以成長為代價讓孩子吃苦。

如果吃苦變成了目的，教育也失去了意義。

## 教子箴言

1. 吃苦不是目的，吃苦只是一種手段。吃苦的意義在於，讓孩子在吃苦中學會成長，而不是以成長為代價讓孩子吃苦。
2. 從長遠利益考量，讓孩子從小適度地知道一點憂愁，品嚐一點磨難，並非壞事，這對培養孩子的承受力和意志，對孩子的健康成長或許更有好處。
3. 挫折教育並非只是讓孩子過過苦日子，做點苦活，挫折教育的重點在於，培養孩子直接面對挫折的堅強品格。

# 第四節 並非所有的關愛都是孩子成長的「維生素」

真正的愛是給孩子一雙展翅飛翔的翅膀，而不是做他的翅膀。

——佚名

成長中的孩子需要關愛。

愛是這個世界上最美麗的語言。

愛是這個世界上最好的老師。

愛是我們所能給予孩子的最好的禮物。

但是，並非所有的關愛都是孩子成長的「維生素」。

有這樣一個哲理故事，也許，它能帶給我們答案。

話說，在蛾的世界裡，有一種蛾名叫「帝王蛾」，牠的雙翼長達十幾公分。

可是帝王蛾的幼蟲時期是在一個洞口極其狹小的繭中度過的。當牠的生命要發生質的飛躍時，這狹小通道便變成了帝王蛾的鬼門關。那嬌嫩的身軀只有拼盡全力才可以破繭而出。而太多太多的幼蟲在往外衝殺的時候力竭身亡，不幸成了「飛翔」的悲壯祭品。

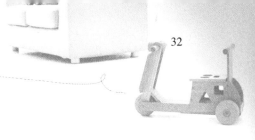

某天，一個人發現了一個帝王蛾的繭，那個繭剛剛結束封閉狀態，繭的一端張開了一個小小的洞，一隻帝王蛾的幼蟲在裡面苦苦掙扎，費盡全身力氣想要讓身體通過那個小小的洞。然而，一切彷彿都是徒勞，那個人等了好久，也沒有機會見證帝王蛾破繭而出的震撼。而且繭裡的幼蟲慢慢地安靜了下來，似乎牠已使出了全身的力氣，不能再做出任何努力。

這個人於心不忍，便拿來剪刀，把繭的洞口剪大。這樣一來，繭中的幼蟲沒有花費多大的力氣，輕易地就從那個牢籠裡鑽了出來。可是，爬出來的蛾身體乾癟，翅膀無力。牠無論怎麼努力也飛不起來了，只能拖著喪失了飛翔功能的雙翅在地上笨拙地爬行。

牠已經不是真正的帝王蛾了。

帝王蛾之所以被稱之為帝王蛾，就在於它能衝破命運苛刻的設定，艱難地走出恆久的寂靜，進而擁有飛翔的快樂。

所有的帝王蛾都必須經過艱難的「破繭而出」的過程。那「鬼門關」般的狹小繭洞恰恰是幫助帝王蛾幼蟲兩翼成長的關鍵所在，穿越的時候，透過用力擠壓，血液才能順利送到蛾翼的身體組織中；唯有兩翼充血，帝王蛾才能振翅飛翔。人為地將繭洞剪大，蛾的翼翅就失去充血的機會，生出來的帝王蛾便永遠與飛翔絕緣。

我們的關愛並不是幫助了帝王蛾，相反，因為我們的關愛，帝王蛾失去了飛翔的機會。

孩子的一生也會遇到這樣的轉折，如果我們也用我們所謂的關愛讓我們的孩子輕輕鬆鬆沒有波瀾地享受我們所能給予的一切，那麼，我們的孩子永遠不會表現出他們應有的堅強。

生命是不可逆的。正如帝王蛾一般，無法承受生命中那唯一的考驗，就再也不能飛向花叢林間。生活同樣也不會施捨給孩子下一次的機會。如果我們錯失了能夠讓孩子成長的那唯一的機會，我們的孩子也將回歸平凡。

不能讓我們的關愛成為孩子前進路上的阻礙，因為並非所有的關愛都會成為孩子成長的「維生素」。

從孩子一降生，到孩子牙牙學語，再到長大成人的每一天，我們都懷著無私的心為孩子傾注了無限的愛。從孩子的食品，到孩子的學習用具，再到孩子生活的各方面，無一不是我們精心挑選和打造的。

鋪天蓋地的溫情和沒完沒了的輔導，使孩子失去了自我，只學會了盲目附和，張揚的個性不見了，溫順的面孔增多了。數十年如一日的噓寒問暖，使孩子無所適從。漸漸地，孩子變得沉默，變得寡言，變得乖巧，變得聽話。

孩子總有一天會走入社會，可是社會上沒有人像父母一樣循循善誘，把他當作寶貝。社會上會有太多的不確定，會有太多的冷漠和不屑，會有太多的「落井下石」。

做為父母，我們不能做那個替帝王蛾把繭的洞口剪大的人，讓我們的孩子失去飛翔的機會。在生活、學習中，當孩子遇到困難和挫折時，我們不要急於幫助孩子擺脫，而要去鼓勵他們克服困難，承受挫折，並適當引導他們去取得成功。要讓孩子體會到成功的不易和快樂，只有這樣才會有飛翔的雙翼，自由穿梭天地之間。

**教子箴言**

1.莫把心愛的孩子留在身邊，放他出外鍛鍊才會名滿天下。

2.父母必須讓孩子知道，在成長的道路上，不可能是一帆風順的，成功往往是與艱難困苦、坎坷挫折相伴而來的。

3.孩子在幼兒時期，蘊藏著無限的可能性，需要父母加以挖掘和引導。

# 第五節
# 面對跌倒，請學會「袖手旁觀」

你知道運用什麼方法，一定可以使你的孩子成為不幸的人嗎？這個方法就是對他百依百順。

——盧梭

「砰」！是椅子撞擊地板，發出的駭人聲響。我急忙從臥室跑出來，是女兒摔倒了，看了看，還好，她並沒有受傷，我暗自放心。女兒癟癟嘴，想哭，但是看我沒有要搭理她的意思，她也失去了「表演」的慾望。

女兒越大，越會撒嬌，一點點跌跌撞撞，就會「大雨傾盆」。剛開始，她一跌倒就哭泣，我很著急，一遍遍問撞到了沒，摔傷了沒？次數多了，我發現了一個有趣的現象：女兒總是在有人關心的時候，痛哭流涕，彷彿承受著天大的痛苦；而沒人關心的時候，也就只會癟癟嘴，然後該做什麼就做什麼。

從那以後，我再發現她摔倒，只要不嚴重，我總是抱著「袖手旁觀」的態度，時間久了，女兒也不再動不動就掉眼淚了。

在日常生活中，有一個現象非常有趣：孩子被椅子絆倒了，被桌角撞到了。孩子剛一癟嘴，做父母的總會急急忙忙地跑過去，把孩子抱在懷裡小心安撫，深怕孩子受一點傷。嘴裡還會不停的說著：「寶貝不哭，是椅子壞，媽媽幫孩子打椅子。」說著，還伸出手，拍打幾下「罪魁禍首」。

我不知道，做父母的是否意識到這樣的舉動會給孩子帶來什麼樣的影響。而根據一項調查結果顯示，大部分的孩子都會視椅子為生活中的大敵。由此可見，父母如何正確地處理孩子的「跌倒」，著實值得斟酌一番了。

孩子是我們生活中幸福的泉源，是我們捧在手心的寶貝，做父母的每天都在擔驚受怕，害怕自己的孩子傷著了、累著了、受到委屈了；擔心孩子吃不飽、穿不暖，不能滿足孩子的要求。無數次，我們為孩子的苦惱而苦惱，為孩子的痛苦而痛苦。可是這並不意味著我們一定要在孩子面前表現我們的心痛，一定要用這種關愛來轉移孩子的視線。

在大自然中，雛鷹在風雨中訓練雙翅，總有被樹幹劃破的時候；小海燕在風雨中翱翔，也總有被驟雨打濕羽翼的時候，而成長中的孩子，總會遇到坎坷。此時，做為父母的我們，請學會「袖手旁觀」。

「袖手旁觀」並不意味著不管不顧，聽之任之。孩子的成長如登山，跌倒是正常的。我們不必太在意，以一顆平常心去看待便好。當孩子還在對這個社會知之甚少的恐懼中微微顫動時，太多的鎂光燈突然一齊聚焦，只會讓孩子疑惑和恐慌。正如一艘揚帆起航的小船，自會在風雨的磨礪中懂得堅強。太多的關心反而會給它小小的船艙增加無謂的負荷，成為前進的壓力與阻礙。

「袖手旁觀」也不意味著硬下心腸，裝作看不見、聽不著，只是偷偷地為孩子的努力而高興，為孩子的堅持而流淚。

曾經有這樣的父母，看著孩子日日挑燈夜讀，覺得非常欣慰，可是從來沒有當面誇獎過孩子，孩子越學越沒有動力，成績越來越差。當父母發現自己的錯誤時，孩子竟然罹患上了輕度的憂鬱症。

如果孩子跌倒了，我們不去關心，也許他將來會變得比較冷漠。如果孩子跌倒了，一直在苦苦掙扎，我們不鼓勵，也許下次他依舊站不起來。如果孩子努力了，還是站不起來，我們不伸出手，也許我們會失去孩子的信任。因此，在孩子跌倒時，我們要確定孩子有沒有受傷，有沒有站起來的意願，有沒有站起來的能力。

正如一艘經歷風浪的小船，總是希望大船能在風雨中伸出雙手。沒有鼓勵和安慰，小船怎麼能在茫茫黑夜中奮勇前行？沒有幫助和誇獎，小船怎麼能在驚濤駭浪中找到方向？

所以，當孩子跌倒卻沒有哭泣時，請學著微笑讚揚：「寶貝，沒哭，真厲害！」當孩子晃晃悠悠站起來時，請試著鼓勵：「孩子真棒！」當孩子痛哭流涕時，請學著正確引導，透過適當的方式教他一些擺脫困境、解決衝突、克服困難的方法，讓他憑著自己的努力去克服它，戰勝它，而不是把「椅子」當作藉口。

面對孩子的跌倒，我們要做的還有很多。

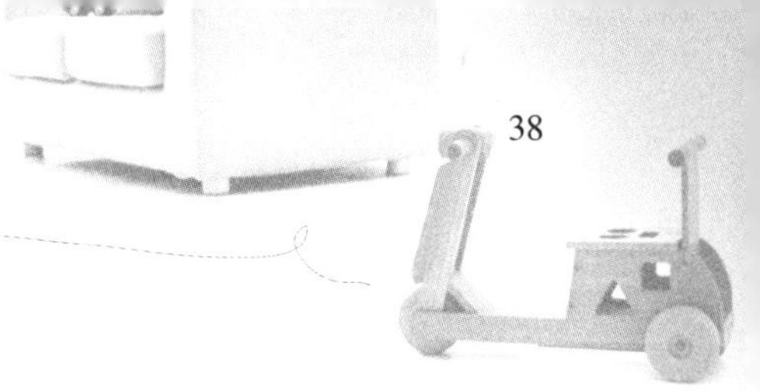

面對孩子的跌倒，我們要教會孩子的也有很多。

我們既要教會孩子「跌倒了自己爬起來」，也要讓孩子明白如何能夠爬起來。但不管怎樣，請不要用我們的雙手去代替孩子的雙腳，只有孩子自己站起來才是最重要的。我們要讓孩子學會珍惜成長道路上的每一次跌倒，學會站起，學會努力，學會堅持。

而我們要在孩子的每一次跌倒中，學會收起過度的關心，隱藏不必要的關注，學會如何引導孩子面對挫折，面對苦難，學會「袖手旁觀」。

### 教子箴言

1. 要教育好孩子，就要不斷提高教育技巧。要提高教育技巧，那麼就需要家長付出個人的努力，不斷提升自己。
2. 跌倒了，要讓孩子自己站起來。
3. 跌倒了，沒關係，不要大驚小怪，進而放大苦難，放大我們的關愛，這對孩子的成長是沒有益處的。

# 第六節 吃苦教育不可陷入錯誤

孩子們的性格和才能，歸根結抵是受到家庭、父母，特別是母親的影響最深。孩子長大成人以後，社會成了鍛鍊他們的環境。學校對年輕人的發展也有著重要的作用，但是，在一個人的身上留下不可磨滅的印記的卻是家庭。

——宋慶齡

關於怎樣教育孩子，每個父母都能說出一些心得體會：什麼方法可以開發孩子的智力，吃什麼東西對孩子的發育好，要不要給孩子買電子產品，什麼時候買……這些和孩子有關的問題，每個父母都有著自己的想法，這些想法也許會因為孩子的生存環境、家庭條件而有著差別。不管怎麼說，有一個宗旨是做父母的不會偏廢的，那就是一切為了孩子！

這句話道出了許多父母的心聲，為了孩子，父母可以說是勞心勞力，獻出了自己的一切。還不只這些，做父母的是最擅長學習、最容易被說服的，只要是對孩子好，父母肯定費盡心思地運用在自己孩子的身上。現在父母們都知道吃點苦對孩子好，吃苦好處多，於是不約而同地讓孩子吃起苦來。這本是無可厚非的，但有一些父母在對孩子進行挫折教育的時候，卻存在著一些錯誤。

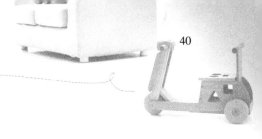

## 錯誤一：父母盲目攀比的心理

人與人之間的交往或多或少都存在一點攀比的心理，這是人之常情。做父母的自然在心裡認為自己的孩子是最好的。當別的父母誇獎自己的孩子會唱歌、會畫畫、會跳舞、課業好的時候，一些父母不能免俗，攀比的心思就出現了，甚至有的父母還會要求自己的孩子回家照著學。顯而易見，這種物質、精神層面的攀比將會對孩子的成長產生一定的負面作用。透過這些年的家庭教育調查研究，我們就可以發現這一點。

關於吃苦教育，現在我們的父母不在比如何滿足孩子的要求，而是在比「你的孩子吃苦了嗎？」為什麼我們做父母的會這樣做呢？其實，說來說去還是攀比的心理在作怪。根據教育心理學的觀點，這種心理的負面作用會讓孩子處在較多負面情緒的籠罩之中。

因此，父母一定要端正自己的心態，明白我們對孩子進行吃苦教育，是孩子需要的，是我們站在孩子的立場上考慮的，是根據孩子的心理、生理特點做出的最正確的選擇。

這是比較寬泛的要求，具體一點的要求就是父母要按照孩子的意願，採取適當的方式，比如讓孩子藉寫成功日記來克服自卑、沒自信的心理障礙；讓懶惰的孩子向勤快的孩子學習，學會整理自己的房間，進而培養孩子的自理能力。這些方法都是針對孩子的「缺點」做出的合理的解決方法。所以我們一定要多多瞭解自己的孩子，用科學的方法教育孩子，千萬不要盲目攀比。

## 錯誤二：父母把自己的想法強加給孩子

不知道父母在平時的生活中注意到沒有，有些孩子並不喜歡學習的知識，父母常常會強迫孩子學會。有的孩子並不喜歡在人前表現自己，做父母的就認為孩子是不敢面對挑戰，是懼怕困難，所以就用目光或暗示性的小動作要求孩子盡快表現，於是孩子心不甘、情不願地站出來，不時觀察父母的反應。不難想像，這樣的表現，父母自然是不會滿意的。

父母在對孩子進行規劃的時候，或多或少會打上自己的烙印，把自己的想法加諸於孩子的身上，「我們那時候條件差，沒機會念大學，所以你要好好用功，上大學求學。」，「會跳舞的孩子比較有氣質，你也去學跳舞吧！」，「我們小時候沒錢上才藝班，現在條件這麼好，你竟然不好好珍惜機會？」這些已經成為父母的口頭禪，甚至是孩子必須要聽從的內容。

這樣做的後果有兩個，一個是孩子缺乏自主性，一旦他面臨大學要選擇什麼科系，畢業了找什麼類型的工作這種重大抉擇的時候，孩子常常會按照父母的意願，沒有自己的見解；另一個是可能會教出叛逆的孩子，父母讓孩子做什麼，孩子偏偏作對。進而使父母和孩子之間的分歧越來越大，並且產生許多問題。

正確的做法是給孩子盡可能多的選擇，讓孩子做自己喜歡做的事情，從內心深處激發孩子的抗挫折能力，讓孩子知道跌倒了就要爬起來，吃點苦不算什麼，否則父母總有一天將會後悔自己的固執。

## 錯誤三：孩子現在很苦了，為什麼還要吃苦？

這是一個值得思考的問題，現在的孩子是吃苦少了，還是吃苦多了？現在的孩子到底需要哪些方面實施「吃苦教育」？

我們不得不承認，現在的孩子承受著比父輩小時候更大的壓力，這種壓力是時代所賦予的，只要是生活在社會中的人，都不可避免地要面對社會所帶給他的壓力。因此，現在的孩子學習的內容比我們小時候要多，且不談在學校接受的教育，即便是在校外，我們的孩子也整天被學習包圍。這種環境所帶來的現象是孩子每天晚睡早起，心思都在學習上，睡不好，身體缺乏鍛鍊，用腦過度等等。面對這樣的情況，你能說孩子沒有吃苦嗎？我倒是覺得孩子吃的苦比我們這一代人吃的苦要多的多。因此，在學習上面我們實在沒有必要再強制孩子學這學那，一點空閒的時間都沒有。

相反，除了學習，父母是捨不得讓孩子吃一點苦頭的，什麼都給孩子準備好，只要孩子好好學習就行。這是一個單純的吃苦行為，可是培養出來的孩子能夠勝任社會的要求嗎？這樣沒有接觸過生活的孩子能夠獨立生存嗎？

臺灣億萬富豪王永慶這樣教育自己的子孫們：「中國有句老話，『富貴不過三代』，白手起家的第一代，如果不努力，根本沒有出頭日子。第二代多少受到第一代言行的影響，還知道努力。到了第三代，大多連什麼是『苦』也沒見過，最容易鬆懈。這種演變過程，又往往使人疏於防範。所以不要想著靠祖輩們的財富生活。」

這是王永慶對吃苦的注解，而現在的孩子缺乏的正是這種「自己的事情自己做」的「吃苦教育」。換句話說，我們現在讓孩子吃苦不是侷限於讓孩子知道，而是要讓孩子理解，並且能夠體會其中所蘊含的精神。我們要讓孩子養成的是「吃苦精神」，這是我們所要做的。

## 錯誤四：吃苦就能帶來成功

父母們認為，孩子現在多吃苦，將來就一定會成功。這似乎是父母進行吃苦教育的初衷，但這種初衷是錯誤的。挫折和吃苦本身並不能帶來成功，要想成功需要具備的條件很多，能吃苦只不過是眾多條件裡的一種。其實，苦難和挫折本身不能造就一個人，能夠造就人的是他在挫折和苦難中找到解決的辦法。

很多能夠取得成功的人並不是一帆風順的，他們之所以能夠成功，就在於他們在吃苦中學會樂觀，學會如何解決問題。如果我們僅憑多吃點苦就想獲得成功，是不現實的。試想，大千世界，吃苦的人何其多，而真正成功的人又佔多少比例呢？

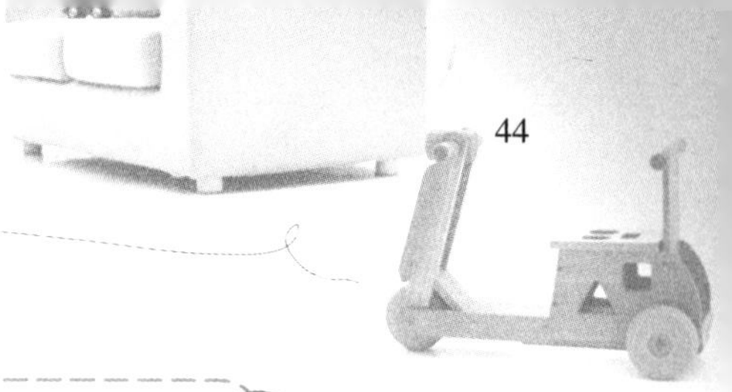



吃苦教育是應該的，但我們也不能走入錯誤。要知道人生不會重來，一旦我們做出了錯誤的決定，用錯了方法，也許就會影響孩子的一生。

**教子箴言**

1. 嬌生慣養是要不得的，吃苦教育是應該的，獨立人格的培養也是很重要的，但吃苦教育不能走入錯誤，否則害處大。
2. 吃苦本身並不能帶來成功。

# Lesson 2

# 再富也要苦孩子

## ——讓孩子在家庭的樂園裡守望幸福

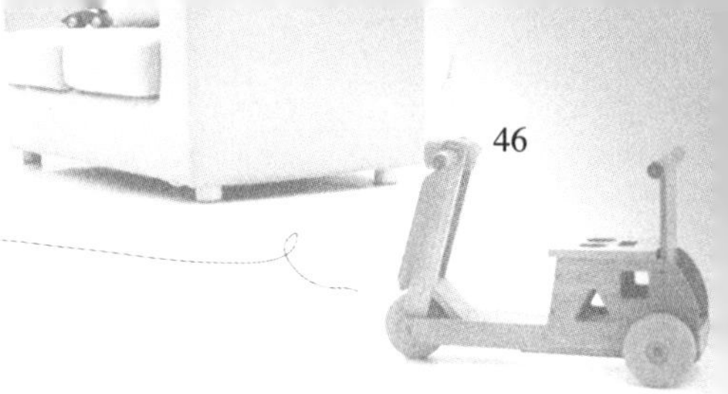

# 神奇測試：孩子的家庭幸福指數

1. 你會經常陪孩子一起玩遊戲嗎？
A.從來沒有　B.偶爾會　C.很少會　D.經常會

2. 睡前，你會經常和孩子說故事嗎？
A.從來沒有　B.偶爾會　C.很少會　D.經常會

3. 你會經常和孩子一起做家事嗎？
A.從來沒有　B.偶爾會　C.很少會　D.經常會

4. 你會經常稱讚孩子嗎？
A.從來沒有　B.偶爾會　C.很少會　D.經常會

5. 不管多累，你會經常對孩子微笑嗎？
A.從來沒有　B.偶爾會　C.很少會　D.經常會

6. 雙休日或假期時，你會帶孩子去展覽館之類的嗎？
A.從來沒有　B.偶爾會　C.很少會　D.經常會

7. 你會和孩子一起郊遊嗎？
A.從來沒有　B.偶爾會　C.很少會　D.經常會

8. 你會經常和孩子溝通嗎？
A.從來沒有 B.偶爾會 C.很少會 D.經常會

9. 你會經常參加孩子的集體活動嗎？
A.從來沒有 B.偶爾會 C.很少會 D.經常會

10. 你知道你的孩子喜歡什麼嗎？
A.知道 B.可能知道 C.沒有想過 D.不知道

11. 你經常把自己的意願強加在孩子身上嗎？
A.從來沒有 B.偶爾會 C.很少會 D.經常會

12. 你會和孩子一起做體能訓練嗎？
A.從來沒有 B.偶爾會 C.很少會 D.經常會

13. 你經常把怒氣出在孩子身上嗎？
A.從來沒有 B.偶爾會 C.很少會 D.經常會

14. 孩子犯錯了，你會打罵孩子嗎？
A.從來沒有 B.偶爾會 C.很少會 D.經常會

15. 你會經常採用說教的方式教育孩子嗎？
A.從來沒有 B.偶爾會 C.很少會 D.經常會

16. 你會規定孩子要做什麼，不要做什麼嗎？

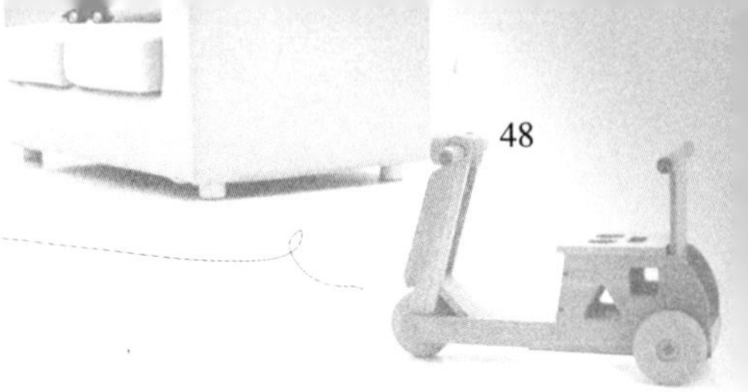

A.從來沒有　B.偶爾會　C.很少會　D.經常會

17. 你會經常站在孩子的角度思考問題嗎？

A.從來沒有　B.偶爾會　C.很少會　D.經常會

18. 孩子會主動和你交流嗎？

A.從來沒有　B.偶爾會　C.很少會　D.經常會

19. 你的孩子總覺得沒有安全感嗎？

A.從來沒有　B.偶爾會　C.很少會　D.經常會

20. 你會經常當著別的家長的面，批評孩子嗎？

A.從來沒有　B.偶爾會　C.很少會　D.經常會

21. 你會很在意孩子的學業成績嗎？

A.從來不在意　B.偶爾會在意　C.很少會在意　D.經常會在意

22. 你會經常干涉孩子交朋友嗎？

A.從來沒有　B.偶爾會　C.很少會　D.經常會

23. 夫妻之間會經常當著孩子的面爭吵嗎？

A.從來沒有　B.偶爾會　C.很少會　D.經常會

24. 你會經常在孩子面前抱怨生活、工作和一切的不滿意嗎？

A.從來沒有　B.偶爾會　C.很少會　D.經常會

25. 你會經常對孩子發脾氣嗎？

A.從來沒有　B.偶爾會　C.很少會　D.經常會

26. 孩子能否輕易被逗笑？

A.從來沒有　B.偶爾會　C.很少會　D.經常會

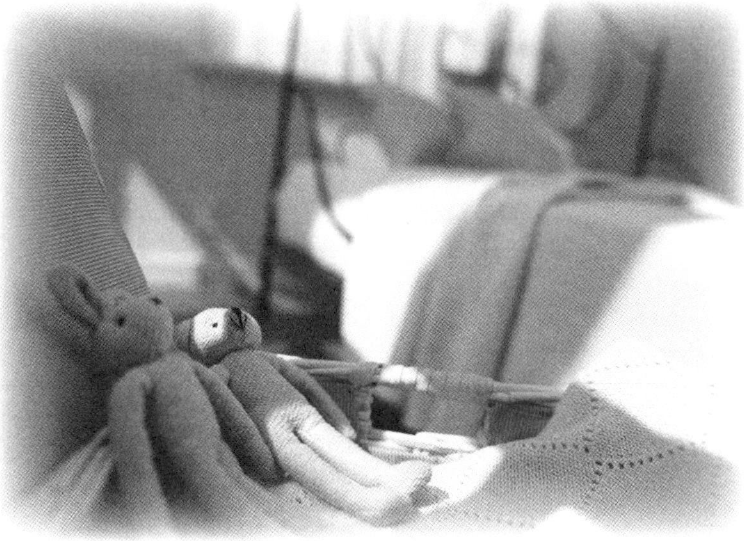

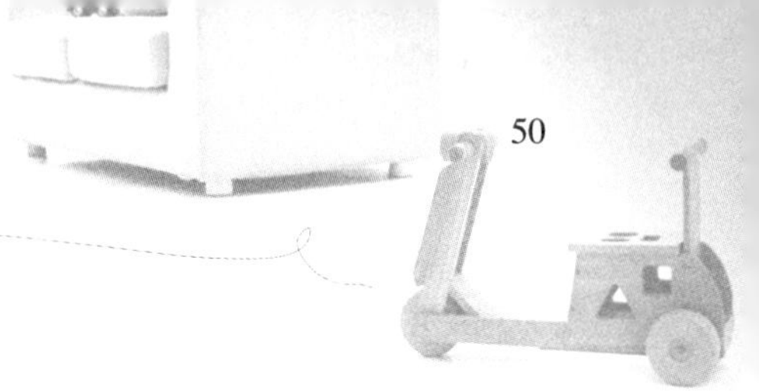

# 孩子家庭幸福指數測驗評分表

| 序號 | 選項 | | | | 得分 |
|---|---|---|---|---|---|
| | A | B | C | D | |
| 1 | 1 | 2 | 3 | 4 | |
| 2 | 1 | 2 | 3 | 4 | |
| 3 | 1 | 2 | 3 | 4 | |
| 4 | 1 | 2 | 3 | 4 | |
| 5 | 1 | 2 | 3 | 4 | |
| 6 | 1 | 2 | 3 | 4 | |
| 7 | 1 | 2 | 3 | 4 | |
| 8 | 1 | 2 | 3 | 4 | |
| 9 | 1 | 2 | 3 | 4 | |
| 10 | 4 | 3 | 2 | 1 | |
| 11 | 4 | 3 | 2 | 1 | |
| 12 | 1 | 2 | 3 | 4 | |
| 13 | 4 | 3 | 2 | 1 | |
| 14 | 4 | 3 | 2 | 1 | |
| 15 | 3 | 4 | 2 | 1 | |
| 16 | 4 | 3 | 2 | 1 | |
| 17 | 1 | 2 | 3 | 4 | |
| 18 | 1 | 2 | 3 | 4 | |
| 19 | 4 | 3 | 2 | 1 | |
| 20 | 1 | 2 | 3 | 4 | |
| 21 | 4 | 3 | 2 | 1 | |
| 22 | 4 | 3 | 2 | 1 | |
| 23 | 4 | 3 | 2 | 1 | |
| 24 | 4 | 3 | 2 | 1 | |
| 25 | 4 | 3 | 2 | 1 | |
| 26 | 1 | 2 | 3 | 4 | |
| 總計 | | | | | |

**【評價標準】**

1～23分：你的孩子在家庭中不但沒有幸福感，反而覺得很沒有安全感，這是一個很嚴重的問題。建議你一定要找到問題的癥結在哪裡，否則孩子的身心都會受到傷害。

24～47分：你的孩子會覺得家像一個旅館，只是一個吃飯和睡覺的地方。問題的關鍵在於一方面你對孩子不夠關心，另一方面，你和孩子之間的溝通出現了問題，你更擅長於對孩子發號施令，嘮嘮叨叨，而不是靜下心來，好好和孩子交談。換一種教育方式，你會發現事情有時候反而會得到更加圓滿的解決。

48～71分：你的孩子的家庭幸福指數還是很高的，但有一個問題值得你注意，孩子似乎已經慢慢長大，有了自己的小祕密。給孩子保留一些獨處的空間，多給孩子創造一些表現的機會，你會發現孩子的笑容會越來越多。

72～96分：你的孩子會覺得在這個家庭中生活很幸福，也以自己的父母為驕傲，而這一切的原因就在於父母和孩子之間有著輕鬆和諧的關係和良好的溝通。

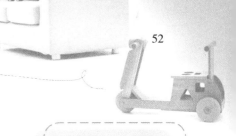

# 第一節 飢餓療法響噹噹——讓厭食的孩子吃飯香

父母溺愛和嬌慣孩子，滿足他們的任性要求，他們成長就會墮落，成為意志薄弱、自私自利的人。因此，父母的愛不應該是盲目的。

——捷爾任斯基

陽陽今年7歲了，平時是一個很乖的孩子，可是每到吃飯的時候，父母就會覺得特別頭痛，常常是媽媽端著碗跟在屁股後面追著餵了半天，陽陽也沒有吃多少。打不得，罵不得，爸爸還沒瞪眼，陽陽就嚎啕大哭。陽陽的父母很鬱悶，自家的寶貝怎麼不吃飯呢？

其實，這也是當下很多父母會遇到的問題。青青的蔬菜，白白的米飯，冒著香氣的排骨湯，怎麼看都是一桌豐盛的飯菜。可是孩子就是沒有食慾，像個小少爺、小公主一樣趾高氣昂地將頭轉向一邊，看一眼端著飯菜一臉愁雲的父母，根本不買帳。

做父母的急壞了，忍不住地哀求著孩子吃一口，孩子就是不配合，讓吃飯這樣簡單的事變得異常困難。

真有這麼難嗎？還是潛移默化了的思維模式讓原本簡單的過程變成了一個解不開的結？

「來，寶貝，再吃一口。」

「就一口，吃了媽媽給你買巧克力。」

「吃完了才能玩玩具，趕快，再不吃阿兵哥就來抓你了。」

……

「不，不嘛，就不吃。」

「不吃。」

「吃了帶我去遊樂園！」

……

到最後，飯終於進了肚子，而那些不辭辛苦為了孩子的一頓飯扮大灰狼、演小白兔的家長，也終於鬆了一口氣。

只有做過父母的人才知道，餵孩子吃飯是一件多麼費時費力，甚至傷肝動氣的事。做媽媽的總想讓孩子多吃一點，似乎孩子多吃一點，孩子就能更健康一點，但孩子卻一點也不領情。其實吃飯是人的本能，吃東西是孩子生活的主要內容，也是孩子快樂的主要來源。如果孩子不肯在吃飯的時間裡乖乖地吃飯，那麼這與父母在平時生活中的嬌慣是脫不了關係的。

如果你不相信，請回答以下問題：

家中是否存放很多零食？

是否放任孩子邊吃邊玩？

是否因為工作忙而不能陪自己的小孩吃飯？

是否在孩子不吃飯的時候「威逼利誘」孩子吃飯？

如果你的回答是「是」，那麼從這些存在的問題中就可以發現孩子不肯吃飯的端倪了。

有的媽媽很心疼孩子，常常到便利商店給孩子選購一大批食物，孩子在家邊玩邊吃，等到吃飯的時候自然沒有了胃口。

有的媽媽在孩子不吃飯時，會拿孩子想要的東西做交換，雖然只是媽媽下意識的舉動，但不要小看孩子，他們其實是非常聰明的。如果有一次不吃飯，媽媽非但沒有責怪，還承諾買自己夢寐以求的玩具時，孩子就會產生這樣的想法：只要不好好吃飯，媽媽就會買東西哄我。下次他想要什麼玩具，而媽媽不買時，孩子就會想起這個經歷來。於是，他又不好好吃飯了，等到媽媽做出保證，才會乖乖地吃飯。久而久之，孩子就會把不吃飯當成買東西的交換條件。

在這個時候，媽媽就應該狠下心來採取措施，讓孩子養成好習慣，不能由著孩子的性子來。當他的小毛病沒有得到父母的重視時，小毛病往往變本加厲，這時候媽媽的心軟承諾，無疑會是孩子嬌縱任性的助推器。

我常常會從雜誌上看到國內父母和國外父母的比較，首當其衝的問題就是如何看待孩子的吃飯問題。國外的父母在孩子能夠自己拿動湯匙的時候就把孩子扔在餐桌上，由著孩子一番折騰，湯灑到地板上了，衣服沾到油漬了，湯匙餵到臉上了，沒有關係。孩子願意吃什麼，就吃什麼，願意吃多少就吃多少，只要孩子營養均衡，做父母的通常都不會干涉孩子吃飯。孩子不吃飯，那就不吃吧！一頓飯而已。既然不吃，那就晚餐也不要吃，不要想著反悔，不要想著可以吃零食，那是不可能的。

而我們的父母愛孩子，更是在吃飯上下工夫。頭一條就要孩子多吃，什麼有營養吃什麼，不分青紅皂白，一個勁地塞，只要孩子多吃就好。在孩子很小的時候，父母就會給孩子圍著圍兜，拿著湯匙給孩子餵飯。直到小孩上幼稚園，上了國小，給孩子餵飯的家長也大有人在。這似乎已經成了一項光榮傳統。我們的父母總是擔心孩子餓著，操心孩子營養不良，不吃就擋著餵，求著吃，這一次不吃，沒關係，哄一哄，餵一餵，那下一次呢？

吃多了山珍海味，享受慣了呼來喚去，對孩子來說，這儼然成為了一種習慣。習慣性的任性，習慣性的無理取鬧，習慣性的為所欲為，這時就需要父母「定海神針」般的「飢餓療法」把他給定住。

晚上吃飯的時候，女兒有點心不在焉，沒吃一會兒，就問我：「媽媽，我能去花園玩嗎，我的小房子還沒有堆好呢！」

我說：「只要吃完飯，就可以了。」

女兒一聽，就放下刀叉，對我說，「媽媽，我吃完了。」

我看著女兒，認真地說：「你確定吃飽了嗎？」

女兒點點頭，堅定地回答：「Yes！」

看來孩子確實不想吃飯。「記住，從現在到明天早上，妳什麼都不能吃。」我的語氣很嚴肅，女兒點點頭表示明白了。

女兒很高興，跑去花園玩了好一陣子，等把她的小房子搭好了，她也感到餓了，於是跑回房間，拿了一包薯條吃。我走到女兒面前拿走了她的薯條，說：「我們已經說好了，今天妳不能吃東西，妳自己也答應了。」

看著面容嚴肅的我，女兒「哇」的一聲大哭起來，邊哭邊說：「媽媽，我餓，我要吃薯條。」

「不行，說過的話要算數。」我毫不心軟。可憐的女兒一直沒有吃東西，眼巴巴地看著薯條。

臨睡前，女兒小心翼翼地問：「媽媽，我很餓，現在我能吃一點薯條嗎？」

我異常堅決地說：「NO！」

女兒嘆了口氣，又問：「那等我睡完覺睜開眼睛時，可以吃嗎？」

「當然可以。」我溫柔的回答。

女兒聽後，甜甜地笑了。

從那以後，不管女兒在做什麼，一到吃飯的時候，她總會乖乖地跑到餐桌前把飯吃完再去做別的事情。

我並不是不心疼自己的孩子，只是要讓我的孩子明白不吃飯有什麼後果，不吃飯餓的又是誰。有一位老師說過，不挨餓，孩子永遠也不會懂得食物的價值。等孩子明白了這一點，才會乖乖地按時吃飯。

劉墉曾說過，這世間許多「非常的成功」是以「非常的手段」達成的，對待孩子不吃飯的問題，我們也要採取「非常手段」，就像我一樣，餓孩子那麼一、兩次，還擔心孩子不長記性嗎？

## 教子箴言

1. 孩子既然不吃飯，那就讓他知道不吃飯的後果；一味的嬌慣並不能解決問題。
2. 不要心懷不忍，其實這是一堂很好的教育課，教育孩子懂得食物的價值。
3. 當然，在「冷酷」之後也要適當安慰孩子，不要讓這件事影響父母和孩子之間的關係。

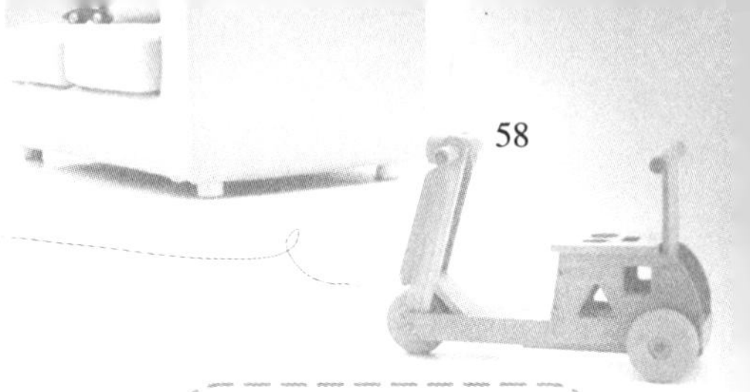

## 第二節 家庭事務常參與——讓懶惰的孩子勤快些

天賦如果無益於人世，必將一天天衰減下去；天賦若是被懶惰所左右，旺盛激越的事業心就沒有指望了。

——克雷洛夫

我的女兒聰明伶俐、乖巧可愛，學業上一點也不用操心，可是就是有點懶惰，一讓她做點家事，她就不樂意了，說的多了，講的多了，她就撅著小嘴，一副不耐煩的樣子。

椅子倒了，不知道扶一下，吃飯了，不知道端飯、拿筷子，換衣服了，不知道收到衣服籃裡。「媽媽，我的手帕洗了嗎？」，「媽媽，我的鞋子刷了沒啊？」她吆喝著，然後理直氣壯地等我把她的手帕、鞋子送到面前，像個驕傲的公主，我簡直拿她沒有辦法。讓她自己的事情自己做，她滿臉委屈：「媽媽，妳不愛我了！」這麼大的一頂帽子砸下來，我也無言了。

回想發生在女兒身上的這些生活片段，我實在不知道說什麼好，一方面女兒四體不勤、五穀不分的樣子讓我很生氣，另一方面我也不得不反思自己在這方面對女兒的「心慈手軟」。不反思還好，一反思，失敗的感覺頓時襲上了心頭。每次女兒不願做家事時，我只會很生氣地訓斥一下了事，從來沒有想到過一定要讓她做點什麼。每次她小嘴一撅，我立刻高舉白旗。為什麼不「痛下狠招」，讓她明白一些道理，讓她體會到參與家庭事務的樂趣呢？想到這裡，我痛下決心，一定要好好的讓女兒養成做家事的好習慣。

再說，經科學實驗證明，做家事有很多好處。可以鍛鍊孩子的動手能力和解決問題的能力，可以培養孩子的自信心，還可以讓孩子的大腦得到充分的休息。心理學家研究發現，當人在進行體力勞動和運動鍛鍊時，腦子裡氧氣含量最充分。做家事有利於孩子勞逸結合，學習的效率也就會更高。

那麼如何讓女兒「愛」上做家事呢？我有預謀的讓女兒「脫離理論」，開始實踐了。

孩子需要身邊的榜樣來引導。如果只是父母簡單的說教或硬性的規定，孩子不容易接受父母的意見。相反，如果讓孩子看到同齡的孩子是怎麼做的，肯定會給孩子帶來不一樣的感受。

於是，我帶著女兒來到好朋友的家裡，朋友的女兒Echo和女兒的年齡差不多大。剛坐下，Echo就端著洗得乾乾淨淨的水果進來了，還熱情的招呼女兒。朋友自豪的說：「怎麼樣，我女兒勤快吧！」得到誇獎，Echo臉上陽光燦爛。女兒羨慕地看著Echo，臉上一陣紅一陣白的，一定是意識到了什麼。

第一招就刺激到了女兒的痛處，我心中一陣竊喜。晚上留在朋友家吃晚餐，我和朋友在廚房忙著，Echo也幫著洗盤子、遞個東西、不時幫個小忙什麼的，對於Echo的乖巧懂事我們又是一番大大的

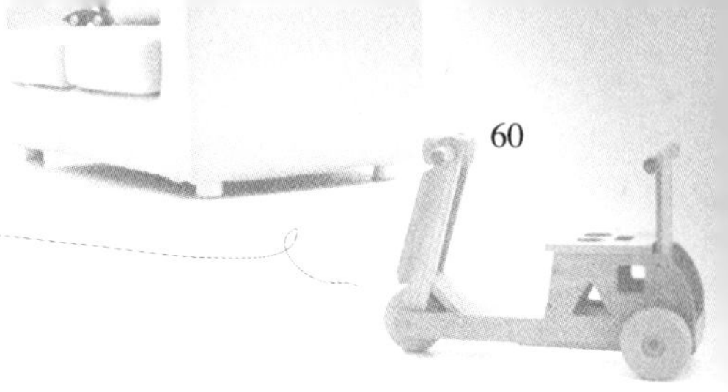



表揚，女兒的臉更紅了。

隔天在家吃早餐的時候，女兒很自覺地把三杯牛奶、一盤麵包端到餐桌上。對於女兒的進步，老公給予了最高級別的表揚。聽完爸爸的表揚，女兒很有成就感，笑得眼睛都瞇成了一條縫。

光這樣是不夠的，為了讓女兒徹底改掉懶惰的壞習慣，我給她說了很多做家事的小訣竅，以激發她的好奇心和動手的慾望。

起初，女兒在做家事的時候，出現了很多「小缺失」，不是地板沒有打掃乾淨，就是襪子沒有洗乾淨，或者是洗菜、洗水果時，濺得到處都是水。我自然不會在這個時候打擊她的積極性，但也不好意思「昧著良心」盲目誇獎她，我斟酌了一下說：「寶貝，蘋果洗的真乾淨，可是，如果不讓水淋濕妳的袖子那就更完美了。」

雖然女兒已經開始學著主動做家事了，但我也不能沉醉於女兒願意做的喜悅裡，我琢磨了一下，既然女兒願意做，而且又付之於行動，那下一步就是讓她「做得好」。首先，根據她的年齡，我只讓她做一些她能力所及的小事，比如洗菜、擦桌子、拿個報紙什麼的，這種事情她不僅可以做，而且有能力做的好。能夠做的好，女兒得到肯定後，當然會更願意做了。其他的事情，等到她大一點再說吧！

其次，我盡量和她一起做家事。俗話說，喊破嗓子，不如做個樣子。家長要言傳身教，當個模範的帶頭作用。雖然有些家事她插不上手，比如炒菜煲湯之類的，但我也故意製造機會讓她幫個小忙，給她製造一個動手的機會。當然，我也希望能藉此讓她明白做家事的「小秘訣」。比如，摺衣服的時候，褲子怎麼摺，上衣怎麼放；洗衣服的時候，先洗淺色的，再洗深色的，先洗內衣，後洗外衣，這些生活的小常識，我全都毫不保留地教給她。

再次，我抓住一起做家事的機會趁機啟發她，女兒特別愛問：「為什麼衣服要分開清洗？」，「為什麼要吃洋蔥？」，「為什麼洗碗要用洗潔劑？」諸如此類的問題。其實，做家事的時候每天有個「小尾巴」問東問西的，也還是挺煩人的，不過看著女兒樂此不疲的臉，我都是耐心向她解答，遇到回答不了的問題，女兒也主動查詢資料，找到答案。像這樣多多和孩子溝通和交流後，女兒變得更加愛思考了，做事也變得勤快了許多，真是一舉兩得。

自從女兒樂於參與家庭事務，除了變得比較勤快之外，她似乎也長大了。

一天，我和女兒忙了一上午之後，女兒說了一句感慨：「媽媽好辛苦啊！要上班，還要洗衣服，煮飯、收衣服、擦地板……」女兒扳著手指頭一根一根地數著。聽了女兒這句話，我感覺心頭一熱，終於有一天，我的孩子也能體會到我的辛苦了。

蘇霍姆林斯基在他的書中寫道：「勞動是有神奇力量的民間教育學，給我們開闢了教育智慧的新泉源。這種泉源是書本教育理論所不知道的。我們深信，只有透過有汗水、有老繭和疲乏人的勞動，人的心靈才會變得敏感、溫柔。透過勞動，人才具有用心靈去認識周圍世界的能力。」

我慶幸自己「痛下狠手」讓女兒做家事是值得的。且不說她改掉了懶惰的壞習慣，就是她能懂得感恩就已經值得我驕傲了。

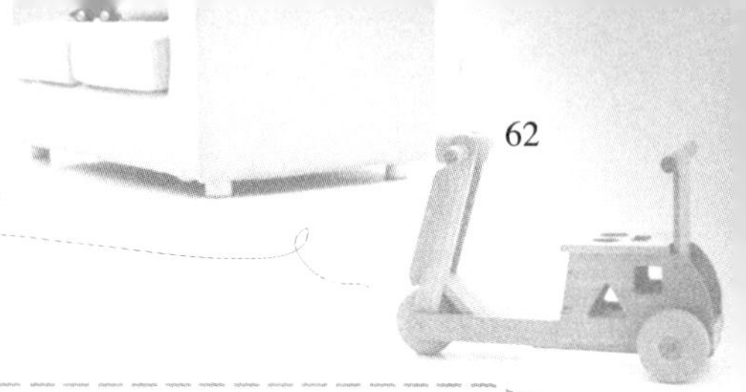

## 教子箴言

1.「家」是父母與孩子共同的生活堡壘，讓孩子學習分擔家事，有助培養對家庭的向心力與歸屬感。

2.先從孩子最容易上手的家事開始，表揚要比批評更有效果。

3.給孩子做示範的時候最好少說話，如果只顧說，孩子就不會看我們的雙手在做什麼，而是在聽我們的嘴在說什麼了，這樣，是不會有良好的示範效果。

4.即使孩子的家事做的不夠完美，也沒有關係，重要的是孩子負責任，並且對自己為家庭做的貢獻感到自豪。

# 第三節 設置障礙好處多——讓嬌氣的孩子勇敢些

不因幸運而故步自封，不因厄運而一蹶不振。真正的強者，善於從順境中找到陰影，從逆境中找到光亮，時時校準自己前進的目標。

——易卜生

一對夫妻一直沒有孩子，人到中年的時候好不容易有了一個兒子，這對夫妻自然對這唯一的孩子寵愛有加。在蜜罐中長大的兒子養成了一意孤行的脾氣，做事毛毛躁躁的，什麼都做不好，已經七歲了，還整天窩在母親的懷裡，連路都走不穩，一走路，不是撞到這了，就是傷到那了，做父母的很憂心。

做母親的為了能更好地照顧兒子，特意辭去了自己心愛的工作，當起了兒子的專職保母。為了讓孩子練習走路，母親費盡心思地在花園裡修整出一條平坦的小路。頑皮的兒子並不領情，他在路上東張西望，不是弄髒了鞋子，就是踩到了花花草草。

一天，父親帶了一把鐵鍬，在小路上斷斷續續地挖了十幾道缺口，然後用棍棒搭成了一座小橋，只有小心走上去才能通過。父親把兒子帶到小路的一端，轉身走了。兒子看見面前一下多出來的小橋，很是詫異。怎麼辦呢？要走過去嗎？媽媽不在身後，爸爸也走了，哭也沒用啊！最終他選擇了走過去。當他搖搖晃晃地通過小橋時，躲在後面的父親嚇得出了一身的冷汗，不過，做父親的還是為孩子第一次沒有哭紅鼻子而高興。

吃飯的時候，兒子高興地和母親講述發生在花園裡的事情，小臉上滿是神氣，母親激動得直誇兒子勇敢。從那以後，兒子走路再也沒有跌倒。

妻子對丈夫的舉動有些不解，丈夫解釋道：「平坦的道上，他左顧右盼，當然走不好；坎坷的路途，他的雙眼必須緊盯著路，因而走的平穩。」

現實生活也是如此。一個人如果永遠處於順境之中，將會喪失前進的動力和方向，容易迷失在順境的「海市蜃樓」裡。當然，順境確實能夠帶給孩子心靈上的溫暖以及光明，讓孩子在與人相處中能夠善待他人，與人和善，使孩子的起點距離勝利更近。

但是，我們不能人為地創造條件把孩子永遠安置於我們的保護之下，人為地讓孩子永遠處於順境之中，況且我們也沒有這樣的能力。人的一生之中總會遇到這樣或是那樣的際遇，困境與逆境、得到與失去、成功和失敗、歡樂與悲哀、幸運與厄運這些矛盾將伴隨每個人的一生，它們總會在適當或不適當的時候交替出現，讓人們為之歡笑、為之哭泣。雖然我們極力避免，但這才是生活的真實面目。

如果孩子一直處於順境中，那麼他就很容易在原地停滯不前，甚至後退。而且更糟糕的是，大部分順境之中的孩子缺乏承受打擊和挫折的能力，遇到困難不是勇敢去面對問題，而是本能地選擇逃避，或向父母尋求幫助。逃避一次、兩次可以，可是不能事事逃避；一次、兩次尋求父母的幫助也是可以的，可是三次、四次呢？總不能次次如此吧！

我們做父母的尤其怕孩子生活的不夠順利，常常「主動」代替孩子打點好一切，就如故事中的那位母親一樣，想盡辦法把孩子的人生道路修整的平坦、乾淨，讓孩子走的更為順暢。

可是結果並不是像孩子的母親所期待的那樣，在這樣平坦的路上，孩子反而更不會走路了。所以，我們應該像故事中的父親一樣，設置些障礙，讓嬌氣的孩子勇敢些。

也許你會有這樣的疑問：「人生中遇到困難、挫折是常有的事情，可是為什麼還要有意地製造困難呢？」

世上沒有那麼容易吃到免費的午餐，不付出努力又豈能輕易成功？正是因為人生道路上的坎坷和波折隨時會出現，我們才更要這麼做。因為在很多時候，得失往往只差一線，關鍵在於孩子是否具有繼續堅持的勇氣，並憑藉這種勇氣去衝破前面的障礙。

如果孩子平時走慣平坦路、聽慣順耳話、做慣順心事，那麼一旦他們遇到困難，就會不習慣，進而束手無策，情緒緊張，容易導致失敗。因此，拿一把鐵鍬，在孩子前進的道路上設置溝壑，把平坦的大道變成坎坷的小路，讓孩子勇敢地走上去，這樣，孩子就會專注於腳下的路，走出屬於自己的步伐。

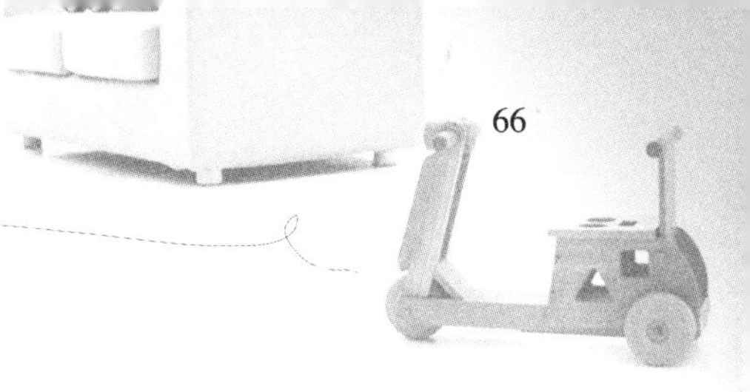

當然，在設置障礙時，要注意設置障礙的適度性和循序漸進性。我們設置的障礙要建立在孩子所能承受的範圍之內，如果設置的障礙難度係數太小，就達不到教育的目的；相反，如果設置的障礙難度係數太高的話，則會打擊孩子的積極性。而且如果我們突然把一個「障礙」扔在孩子面前，或許能鍛鍊孩子的反應能力，但這種突發事件有可能會打擊孩子的自信心，影響父母和孩子的感情。

因此，我們最好把這種障礙滲透於生活中，比如孩子不解時，做父母的不要直接告訴孩子答案，而是要採取迂迴策略，設置一個小遊戲，讓孩子自己得出答案。或者明確地告訴孩子前面有一個障礙在等著他征服，一旦成功，就有獎勵，以此來激勵孩子向困難挑戰的決心。

我們都知道，從溫室中培養出來的花朵是經不起風吹雨打的。我們不能因為擔心孩子會受傷，不放手讓孩子去經歷、體驗，我們應該給孩子創造一些艱苦鍛鍊的機會，讓他在實踐中感受艱難困苦，並獲得成功。

## 教子箴言

1. 在每個成功者的腳下，都有挫折為他們奠基。
2. 挖斷孩子前進的路，培養他們面對挫折的勇氣，今後，他的人生就會少點失敗，多點成功。
3. 人生在世，不可能春風得意，事事順心。讓我們也保持一種恬淡平和的心境，幫助孩子樹立正確的人生思想，教育孩子坦然面對挫折，指導孩子穩妥地駕馭環境，增強自身的心理免疫力，健康快樂的成長。

## 第四節 自己的事情自己做——讓孩子學會自己做事

如果兒童只顧享受別人創造的福利，那麼他長大了就會蠻橫地對待別人——首先是對待自己，而他自己也會淪落為不幸的人。

——蘇霍姆林斯基

我正在廚房，女兒拿著她的勞作作業匆匆地跑進來。

「媽媽，妳能幫我做手工小房子嗎？」

「自己不能做嗎？」我反問。

「好難啊！怎麼都黏不好，而且怎麼黏都醜醜的。」女兒抱怨道。

「可是我幫妳做了，妳怎麼學會自己做事呢？」我笑著對她說，「乖，自己再去試試。」

女兒無奈地返回自己的房間，又去做她的小房子去了。

過了好一會兒，女兒拿著她的「成品」說：「媽媽，它看起來好醜啊！我如果交給老師，小朋友會嘲笑的，媽媽妳給我買一個吧！」

我看了一下，黏的不是很好，但房子的形狀還是出來了，「做得很好啊！而且這是妳自己動手做的，妳不覺得很驕傲嗎？為什麼要買一個呢？就把這個交給老師吧！」我鼓勵她。

第二天，女兒放學回來，興高采烈地對我說：「媽媽，老師給我的小房子評了個『甲』，老師還說，有的小朋友的房子是父母做的，有的是從玩具店買的，雖然漂亮，但因為不是自己做的，老師只給了『乙』。媽媽，我是不是很厲害，能自己做小房子了！」

看著女兒高興的笑容，我也笑了。

我可以想像到別的父母幫助孩子做的小房子和從玩具店買的模型會是多麼的精緻，多麼的漂亮。而且由於沒有我的幫助，女兒在製作過程中遇到一些讓她頭痛的麻煩。這對女兒來說，將是多麼的「艱難」。但是，當我看到女兒洋溢著笑容的面龐時，我覺得這麼做是值得的。

當然，我也可以幫助女兒，讓她的小房子看起來更漂亮些，甚至可以買一個，這樣很省事，而且也不算什麼。但對孩子來說，卻失去了一個鍛鍊自己的機會。更重要的是，在製作小房子的過程中，女兒體驗到了自己動手的快樂和被老師讚揚的巨大喜悅，這是我的幫助所不能給予她的。

做為父母，我們應該把孩子視為一個特殊的勞動者階層，他們並不是什麼都不需要做，什麼都不用做。要知道，孩子剛出生時除了潛力以外是一無所有的，其實，他們被迫在一個充滿艱辛的世界裡學著做每一件事情：學習說話，練習走路，學拿筷子等等。在幾年的時間內，他們必須要長大，變成一個高度複雜的、具有獨立做事能力的社會一份子。面對如此脆弱無助的兒童，我們該怎樣幫助他們呢？

那就給孩子創造一個適合他發展的環境，並讓孩子在那裡自由自在的生活。鼓勵孩子自我發展，而不是代替孩子做事情，這才是我們父母最應該做的。雖然這樣做會比父母去做或者比在父母的協助下去做，要花費更多的時間、要花費更多的精力。可是在家庭教育中，我們總因為這樣或那樣的原因，代替孩子做事。

孩子還小，在完成一件事情的過程中動作緩慢。這時父母就會不加考慮地替孩子完成這些本該孩子自己完成的事情。比如看到孩子自己吃飯，我們就會去餵他；看到孩子扣衣服釦子時笨手笨腳的樣子，我們會立刻幫他扣上；看到孩子洗臉時，淋得滿身都是水，我們看不下去，就幫他把臉洗乾淨。

上學了，為了讓孩子專心學習，我們什麼事都不願讓孩子做。早晨起床幫孩子摺被，上學前幫孩子準備上課用具，飯菜端到孩子書桌前，換洗的衣服放到床頭……

孩子遇到困難了，不會做了，撒嬌了，求助了，聽到孩子那軟軟的聲音，心軟了，也不再要求孩子自己的事情自己做了。

總而言之，我們總是試圖代替孩子做事情，替孩子做好我們所能想到的一切事情。

殊不知，這樣做剝奪了孩子的動手機會。學習書本知識只是孩子生活的一部分，是孩子學校生活的主要內容。回到家裡，孩子需要豐富的家庭生活，需要有回到家裡的感覺，應該和成年人一樣做他能力所及的事情。而我們卻只讓孩子讀書、讀書、再讀書，這樣培養出一個只會讀書的機器，意義又何在呢？

心軟了，幫助了孩子這一次，那孩子下一次撒嬌、哀求呢？當孩子再次遇到困難，而我們不在身邊時，孩子又該怎麼辦？所以，每個對孩子將來負責的父母應該牢牢記住這個重要的育兒原則——替孩子做他能做的事，是對他積極性的最大打擊。

要知道，孩子並不是生來就是這樣依賴父母的，孩子的依賴性一般來說都是父母的包辦替代給「慣出來」的。家長過分地照顧孩子的穿衣、吃飯、遊戲、玩耍，對孩子的活動過分保護，似乎是對孩子的關心，其實是剝奪了孩子發展自己能力的機會，剝奪了孩子克服自卑、增長自信的機會，也會使孩子養成強烈的依賴心理。孩子們會從這些小事中覺得自己是多麼的軟弱和無力，而大人又是多麼的強大和能幹。於是，孩子的自信心被抑制，依賴性被強化。父母包辦，代替得越多，孩子的依賴性就越強。反之，如果父母不插手孩子可以做的事，孩子沒有了依賴，就會自己的事情自己做了。

其實，放手讓孩子去做自己能做的事，即使第一次沒有成功也沒有關係。多試幾次，總會有成功的那一天。

凡是孩子自己能做的，應該讓他自己去做；凡是孩子自己能夠想的，應該讓他自己想。這也是我們對孩子的愛。而且，只要是孩子想做的事，孩子也不會把這件事當成負擔。如果沒有安全方面的風險，我們也沒必要制止。孩子會把困難的事情當成有趣的事情，把辛苦的事情當成探索的事情，這種樂觀向上的精神和積極健康的心態，都是自信的表現。

樂觀、自信、動手能力強恰恰就是我們對孩子的期望。既然如此，為什麼不放手讓孩子自己的事情自己做呢？

**教子箴言**

1. 孩子沒有向成人求助時，父母就要允許他靠自己的能力去完成自己喜歡的工作。
2. 不僅要給孩子生理自由，更應該給孩子精神自由，尊重孩子獨立做事的權利，只有這樣的愛才是全面的。
3. 分析孩子犯錯誤或者出問題的原因，引導他自己去改正，但不要代替他做事情。
4. 請幫助孩子，但別代替孩子。父母應該給孩子創造一個屬於他自己的獨立環境並尊重孩子自由做事的願望。

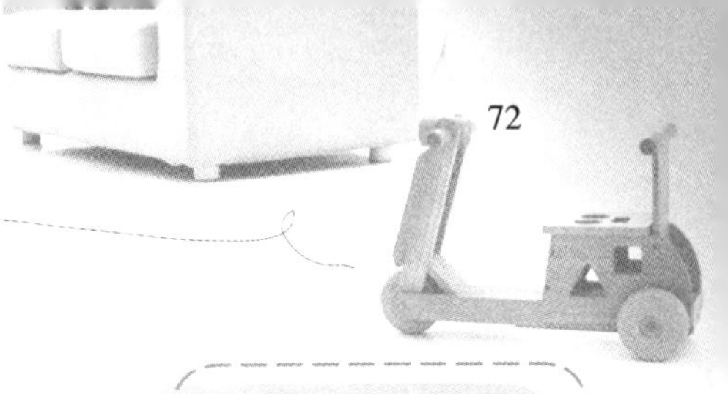

# 第五節 再富也要苦孩子——讓奢侈的孩子樸實些

除了陽光和空氣是大自然的賜予，其他一切都要透過勞動獲得。

——日本教育名言

前兩天收拾屋子，簡直讓我大吃一驚。家裡的角落都堆滿了女兒的東西，好多套沒有穿過的新衣服被擱置在櫃子的某個角落；好多玩具散落在屋子的夾縫裡，落滿了灰塵；冰箱裡儲存最多的就是女兒的零食，一些沒有拆開的零食竟然過了保存期限還無人問津；她的小飾品、小鞋子堆滿了家裡的櫃子。

抬頭一看，再細想一下，不知不覺中，我竟然給女兒買了這麼多的東西。

如果是物盡其用也就罷了，可是偏偏大部分東西竟被浪費掉了，雖然家裡的條件還不錯，可是也不能這麼浪費啊！

我一直以為，我和先生都有自己的工作，家裡就只有這麼一個孩子，只要是孩子想要的，我們就要滿足她的需要。

現在看來，卻是做錯了。我們常說由儉入奢易，由奢入儉難，如果一直這樣，我看，孩子不養成奢侈的習慣也難。可是，如果狠下心來，什麼也不給她買的話，也是不現實的。也許只有做了父母，才能體會到這種左右為難的愛。一方面我們想為孩子營造一個優越的成長環境，讓孩子無憂無慮地生活；另一方面我們又害怕孩子因為我們的嬌慣養成壞毛病。

因為這樣的事情層出不窮，因為父母的嬌慣，不少孩子的脾氣變得暴躁，儼然一個小公主、小少爺的派頭，穿衣、穿鞋挑三揀四，不好看的不要，穿了新衣服就滿面春光四處炫耀；吃東西也是這樣，稍不如意就把食物扔得老遠或舔一下就往地上一吐；對待玩具，不願意與別的小朋友一起分享，寧願獨樂樂，也不願眾樂樂；見到弱小的朋友總要揚起手推一把或打一下，總感覺有點瞧不起人的意味；炎炎夏日或寒冷冬日就怕出門，希望躲在空調室裡舒服；見到別人家有好東西就哭鬧著要拿回來，直到父母答應買才肯稍稍收斂情緒。

遇到這樣的情況，我們也很鬱悶。難道愛孩子也是一種錯？難道給孩子創造一個優越的生活環境也不對嗎？

直到有一天，我看到了一句話，再富也要苦孩子，才猛然醒悟。原來不是我們愛孩子有錯，而是我們不懂得如何愛他，是我們給孩子的東西太多，才讓孩子學會奢侈，才助長了孩子的這些壞習慣。

再富也要苦孩子，無論家境有多好，我們也不能讓孩子過上奢侈的生活。我們不能自以為讓孩子遠離貧窮，遠離苦難，滿足他的一切願望才是愛孩子。人的慾望都是在不斷膨脹，更別說是沒有自制力的孩子了。當孩子的慾望增強時，我們不得不投入更多才能滿足孩子的需求，長此以往，我們就陷入到一個奇怪的環境裡。

孩子很脆弱，需要我們好好呵護，需要我們提供足夠的保障，但這並不等於我們應該在孩子身上堆金砌銀，動輒拿上百美元的書包、鉛筆盒和名牌衣服裝備到孩子身上；不等於買很多沒必要商品讓孩子拿來浪費；不等於用高檔的消費品和玩具來哄孩子開心；也不等於孩子說要什麼我們就要給他買什麼。

誰都不希望自己投入大量的人力、物力、財力，最後培養出來的是一個什麼都不懂、什麼都不會做的紈綺子弟。

因此，我們要學會「拒絕」。當孩子在要求買某件商品的時候，不要張口就答應。而是要給孩子創造一個「吃苦耐勞」的機會，讓奢侈的孩子樸實些。不勞而獲，會讓孩子覺得父母這樣做事應該的，他會心安理得的享受這一切，而不會想到透過自己的勞動和努力來獲得自己所需要的一切。

我們都知道，這一代的孩子面臨的是更加激烈的競爭，競爭使每一個孩子都面臨著嚴峻考驗。沒有吃苦的精神，沒有吃過苦的孩子是不可能在激烈的競爭中獲勝的。

也許你會說，現在的生活條件好了，我們總不能故意「虐待」孩子吧！其實，讓孩子有吃苦耐勞的並不等於不讓孩子吃得好，危害孩子的身體健康，也不是讓孩子一件衣服「舊三年，新三年，縫縫補補又三年」，讓他在別人面前丟了面子。我們還是要一如既往地疼愛他，只不過，我們要讓孩子做一些能力所及的家事，不要拿奢侈向孩子示愛。這樣，才能讓孩子樹立一個正確的意識。

當然，我們還要培養孩子的理財意識，這並不是說教孩子認清鈔票的面值，而是讓孩子懂得金錢是來之不易的。現在的孩子之所以有本錢奢侈，與金錢有著莫大的關係，我們總喜歡用錢去衡量我們對孩子的愛。

在這一點上，西方一些富翁的做法很值得我們借鏡。富翁們意識到讓孩子擁有一種天生的金錢優越感對孩子的成長是有百害而無一利的。他們通常只給孩子很少的零用錢，並鼓勵孩子自己去打工賺錢，進而讓孩子明白，金錢的獲得並不是輕而易舉的；有價值的財富要靠自身的努力去累積，累積財富的過程或許比財富本身更有價值。

而且，我們最好帶著孩子體會生活的艱辛、生活的不易，使孩子逐漸明白有錢不是理所當然的，進而培養孩子「珍惜手中擁有的一切」這樣的信念。

不管我們的家庭條件有多好，再富也要苦孩子。在孩子人格形成的關鍵時期，適當設置一些障礙，讓他們受些挫折，少要些錢，多動些手，逐步增強艱苦奮鬥、自力更生的意識。這樣孩子才會創造更多的財富，這比我們留給孩子更多的金錢更有意義。畢竟，再多的金錢，如果孩子不知道如何賺取，光知道花費，總有一天也會一無所有的。

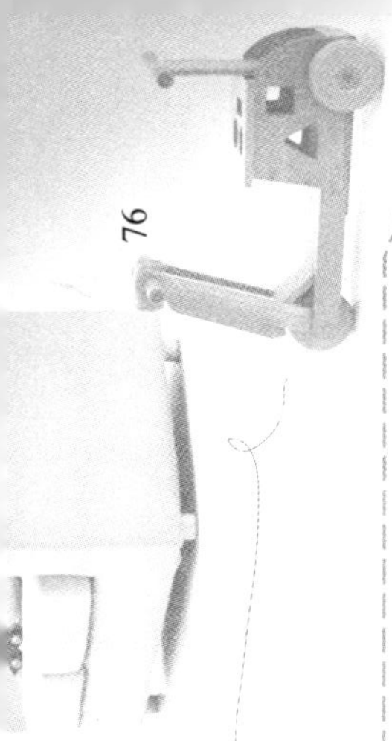

## 教子箴言

1. 無論是窮還是富，都包括兩方面的內涵——物質上和精神上的。我們不能只讓孩子在物質層面上富有，在精神層次上，也要讓孩子富有。只有讓孩子吃點苦，他才能理解什麼是甜，才有動力自己去爭取「甜」。
2. 奢侈的孩子更容易喪失生活的目標，他們會認為自己天生就是來享受的，這對孩子來說是不利的。因為孩子一旦脫離父母的懷抱，將會一無所有。
3. 成功的秘訣，就在於吃必要的苦，耐必要的勞。

# Lesson 3 別把困難當回事

## ——讓孩子在學習的樂園裡碩果纍纍

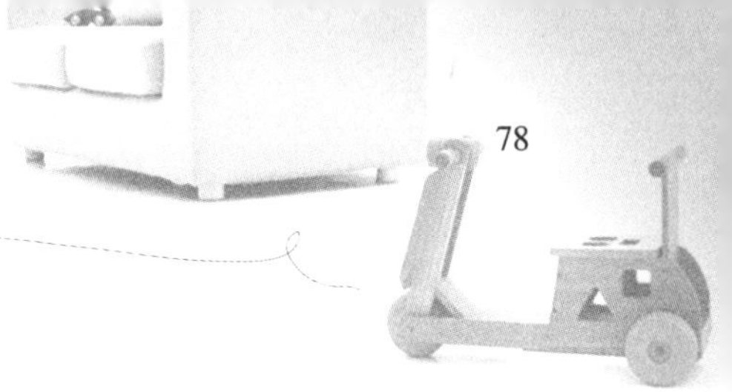

# 神奇測試：孩子的學習能力指數

1. 孩子是否經常需要父母提醒，才能想起來要做作業？

A.經常　B.較少　C.偶爾　D.幾乎沒有

2. 在寫作業時，孩子是否經常情緒低落？

A.經常　B.較少　C.偶爾　D.幾乎沒有

3. 父母不在身邊，孩子是否會不寫作業或作業寫的比較慢？

A.經常　B.較少　C.偶爾　D.幾乎沒有

4. 遇到不會寫的作業時，孩子是否經常向父母求助？

A.經常　B.較少　C.偶爾　D.幾乎沒有

5. 孩子寫完作業後，是否經常讓父母檢查？

A.經常　B.較少　C.偶爾　D.幾乎沒有

6. 孩子作業寫完後，經常會需要修改嗎？

A.經常　B.較少　C.偶爾　D.幾乎沒有

7. 孩子上課時會經常交頭接耳，小動作頻繁嗎？

A.經常　B.較少　C.偶爾　D.幾乎沒有

8.孩子下課後會經常複習功課嗎？

A.從來沒有　B.偶爾會　C.很少會　D.經常會

9.孩子會經常對學習不感興趣嗎？

A.經常　B.較少　C.偶爾　D.幾乎沒有

10.孩子每天會花時間閱讀課本嗎？

A.從來沒有　B.偶爾會　C.很少會　D.經常會

11.孩子會對每天的學習有計畫和安排嗎？

A.從來沒有　B.偶爾會　C.很少會　D.經常會

12.如果一個階段後，學習效果不理想，孩子會改變自己的學習方法或策略嗎？

A.從來沒有　B.偶爾會　C.很少會　D.經常會

13.孩子會經常問「為什麼」嗎？

A.從來沒有　B.偶爾會　C.很少會　D.經常會

14.孩子會對自己的每次考試成績滿意嗎？

A.從來沒有　B.偶爾會　C.很少會　D.經常會

15.孩子是否會經常自覺地預習功課？

A.從來沒有　B.偶爾會　C.很少會　D.經常會

16.孩子會經常對自己的學習進行階段總結嗎？

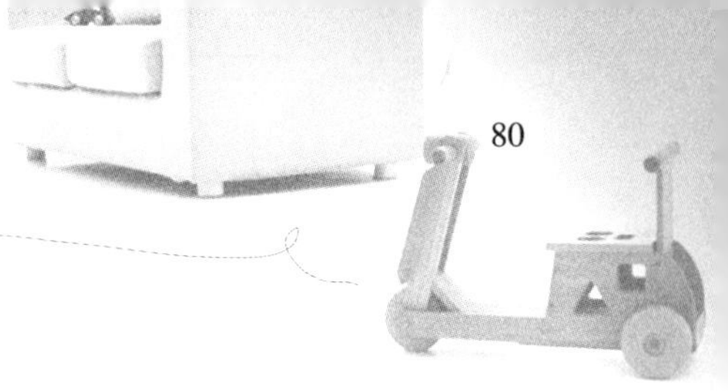

17. 孩子會經常使用學習工具（字典、網路）嗎？
A.從來沒有　B.偶爾會　C.很少會　D.經常會

18. 孩子在課堂上會主動回答老師的提問嗎？
A.從來沒有　B.偶爾會　C.很少會　D.經常會

19. 孩子會記課堂筆記嗎？
A.從來沒有　B.偶爾會　C.很少會　D.經常會

20. 孩子會經常閱讀課外讀物嗎？
A.從來沒有　B.偶爾會　C.很少會　D.經常會

21. 休假日、假期時，孩子會花時間在學習上嗎？
A.從來沒有　B.偶爾會　C.很少會　D.經常會

22. 孩子會經常和父母交流學習心得嗎？
A.從來沒有　B.偶爾會　C.很少會　D.經常會

23. 孩子會經常觀察周圍的世界，對世界充滿好奇心嗎？
A.從來沒有　B.偶爾會　C.很少會　D.經常會

24. 孩子是否能清楚地知道自己要做什麼嗎？
A.從來沒有想過　B.偶爾想一想　C.很少想　D.很清楚

## 孩子學習能力測驗評分表

| 序號 | 選項 | | | | 得分 |
|---|---|---|---|---|---|
| | A | B | C | D | |
| 1 | 1 | 2 | 3 | 4 | |
| 2 | 1 | 2 | 3 | 4 | |
| 3 | 1 | 2 | 3 | 4 | |
| 4 | 1 | 2 | 3 | 4 | |
| 5 | 1 | 2 | 3 | 4 | |
| 6 | 1 | 2 | 3 | 4 | |
| 7 | 1 | 2 | 3 | 4 | |
| 8 | 1 | 2 | 3 | 4 | |
| 9 | 1 | 2 | 3 | 4 | |
| 10 | 1 | 2 | 3 | 4 | |
| 11 | 1 | 2 | 3 | 4 | |
| 12 | 1 | 2 | 3 | 4 | |
| 13 | 1 | 2 | 3 | 4 | |
| 14 | 1 | 2 | 3 | 4 | |
| 15 | 1 | 2 | 3 | 4 | |
| 16 | 1 | 2 | 3 | 4 | |
| 17 | 1 | 2 | 3 | 4 | |
| 18 | 1 | 2 | 3 | 4 | |
| 19 | 1 | 2 | 3 | 4 | |
| 20 | 1 | 2 | 3 | 4 | |
| 21 | 1 | 2 | 3 | 4 | |
| 22 | 1 | 2 | 3 | 4 | |
| 23 | 1 | 2 | 3 | 4 | |
| 24 | 1 | 2 | 3 | 4 | |
| 總計 | | | | | |

**【評價標準】**

1～23分：你的孩子還不知道什麼是學習，學習的能力幾乎可以說是沒有。這不僅是孩子過錯，做父母的也有不可推卸的責任。

24～47分：你的孩子在現階段還不懂得學習的目的在哪，他還沒有明白自己為什麼要學習。如果父母不在旁邊看著，這個分數階段的孩子常常會不專心，不能聚精會神的學習，缺乏自制力和主動性。

48～71分：這個分數階段的孩子最欠缺的是鼓勵，他已經形成了自己的學習方法，但是有時候這種方法並不合適。所以，父母要注意孩子的學習方法和學習習慣。

72～96分：不得不說你的孩子學習能力很強，父母在這個時候要更加注意孩子的心理健康，不要讓孩子為了「成功」而學習。如果孩子每一次的考試都要取得「第一」，這種壓力可能會使孩子很快失去已有的優勢。要注意調整孩子的心理，不要讓孩子太有壓力。

# 第一節 事先做個計畫表——讓孩子在挫折面前有計畫

敏捷而有效率地工作，就要善於安排工作的次序、分配時間和選擇要點。只是要注意這種分配不可過於細密瑣碎，善於選擇要點就意味著節約時間，而不得要領地瞎忙等於亂放空炮。

——培根

在現實生活中，相信我們對這樣的場面都不會陌生：

早晨一起床，孩子就把房間翻得一團糟，你問孩子在做什麼，他很著急地告訴妳：「我的襪子呢？媽媽，快幫我找找，就要遲到了。」

還不到月終，孩子常常會低著頭對妳說：「媽媽，我的零用錢花光了。」妳很生氣地問他：「那麼多錢，你是怎麼花的？」孩子很委屈地告妳：「我也不知道，花著花著錢就花完了。」

每當期末考試臨近時，孩子的生活更是亂成一團，每天早晨很早起來背書，每天晚上複習功課到凌晨。你勸孩子要注意身體，他會委屈地告訴你：「我還沒有複習完呢！我要是早點複習就好了。」

……

這些情況常常讓我們做父母的很頭痛。

經驗告訴我們，做事有計畫是一種良好的習慣，是做事能否取得成功的重要因素。做事有計畫代表著做事有目的、有效率、節省時間。一個做事有計畫的人會很乾脆俐落地完成每一件事，讓自己的工作、生活看起來「井井有條」。

現在的一些孩子做事沒有計畫，想起什麼做什麼，天上一腳，地上一腳，做著這件事想著那件事，總覺得有好多事情要做，可是哪件事都無法靜心做好。與其這樣，我們還不如讓孩子事先做個計畫表，幫助孩子分清事情的輕重緩急，哪些必須現在做，哪些可以緩一緩，這樣就可避免忙亂。久而久之，讓孩子養成做事先做計畫的習慣。這樣，孩子做起事來就會有條理，效率自然會提高。

做事有計畫的孩子才會清楚地知道自己喜歡什麼，不喜歡什麼，需要做些什麼。對自己的人生做出一個計畫，然後按計畫行事，哪怕是遇到挫折，會失敗，孩子也只會把這當作一次考驗，發現計畫的不足，即時的調整計畫。我們常說失敗是成功之母，但如果我們不從失敗中汲取教訓，不即時的改正自己的不足之處，那麼失敗也就失去了意義。

事實上，做事有計畫對一個人來說，不僅是一種做事的習慣，更重要的是反映了做事態度，是能否取得成就的重要因素。

因此，要注意培養孩子做事的計畫性，因為沒有人計畫失敗，卻有太多太多的人因為沒有計畫而失敗。也許會有機遇降臨在孩子的身上，但如何利用機遇卻要靠孩子的計畫。

## 建議一：培養孩子的時間觀念

孩子做事沒有計畫性，很大一部分的原因在於孩子缺乏時間概念。如果父母能在早期培養孩子養成良好的時間觀念，那就等於給孩子開了一個好頭。

這裡有兩點值得注意：

首先，孩子剛開始是沒有時間觀念的，對孩子來說，時間是個很抽象的概念，沒有可視可觸的形狀與顏色，看不見、摸不著，讓他來掌握抽象的時間概念難度很大。所以培養孩子的時間感必須與日常生活的具體事件聯繫起來，使之有可以感知的具體內容。比如，一集動畫片有多長時間，平時什麼時候吃飯，什麼時候需要上床睡覺，一堂課多少分鐘等等，讓孩子對每天的生活有個大概的掌握，這樣，就比較方便孩子做計畫表。

其次，培養孩子的時間觀念不能只是停留在「知道」這個層面上，而要教會孩子做事有條理，分清先後主次。我們要讓孩子明白什麼時間該做什麼，為什麼要在這個時間做這件事，不能做別的事情。比如，要求孩子放學先寫作業，後做別的事情，因為作業是重要之事，寫完作業，就可以支配剩下的時間。不管是看動畫，還是出去玩，心裡就比較輕鬆，沒有負擔。孩子對事情有了輕重緩急

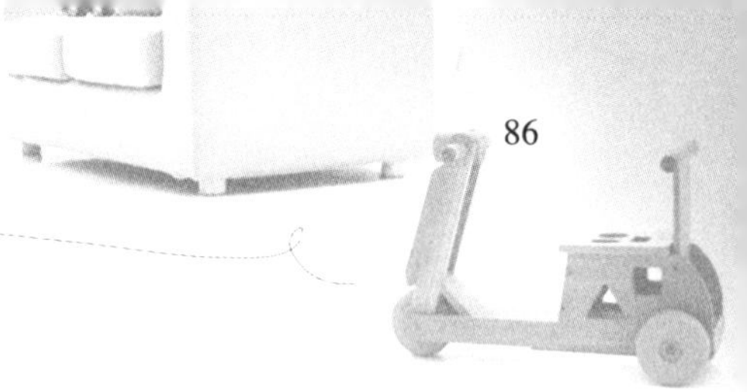

的認知，就能很好地計畫自己一天的事情。

## 建議二：和孩子一起做計畫表

許多孩子做事沒有條理，當父母費盡口舌要求孩子做計畫表，他也許只會左耳朵進，右耳朵出。這時，就需要父母和孩子一起做計畫表來引導孩子養成良好的習慣。比如，星期天時，可以這樣和孩子說：「今天，我們要好好安排一下我們的生活，吃完早餐，我們先把老師交代的作業寫完，然後吃午飯，午飯後你小睡一會兒，一點的時候，我帶你去看畫展。回來後，寫篇觀後感，你覺得這樣安排好不好？」

這樣和孩子一起做計畫表，就會「強迫」孩子對每天的事情做出一個規劃。時間長了，次數多了，孩子就會慢慢地養成這樣的習慣，這時候我們就可以不用天天看著孩子做計畫表了。

和孩子一起做計畫表還有一個好處，那就是可以在孩子做計畫的時候，給孩子提供一些建議，使孩子的計畫更具有可執行性，避免孩子因為計畫制訂的不合理而導致無法按計畫表完成計畫。

## 建議三：督促孩子完成計畫

計畫表做的再好，沒有貫徹實施，那也只是白紙一張。隨著孩子的成長，做個計畫不再有困難，困難的是怎樣去一一落實。計畫實施過程中，孩子總會找出種種藉口不去落實：今天下雨，室外活動取消；今天，姑媽來訪，陪表妹玩，讀書計畫放棄；爸爸沒給我買字帖，練字計畫後移……看似理由充分，但我們應意識到這是惰性在作怪，因為放棄計畫總是會找到理由的。

這時，我們的職責就是幫助孩子制訂切實的獎懲措施，實行約束，更重要的是我們要抽出時間對孩子計畫的落實情況進行檢查。沒有落實的，要在不影響當天計畫完成的情況下把前一天未完成的任務補上，進而避免孩子的自我放縱。時間長了，計畫必須落實的思想就會深入孩子的內心。

## 建議四：幫助孩子養成自我反思的習慣

由於孩子的年齡、心理特點，在制訂計畫時本身就不完善，缺乏合理性，執行計畫就很難達到圓滿。所以，計畫實施後，我們應引導孩子對自己制訂的計畫或執行情況進行反思，自我評價、自我反思，藉以總結其中的經驗與教訓，以利於揚長避短。

比如，今天孩子沒有完成計畫表上的任務，我們就要幫助孩子分析，為什麼沒有完成，是計畫太多，沒有時間，還是自己找藉口，不想去做。無論是什麼原因，重要的是要讓孩子知道自己做錯了，這樣，以後在面臨同類問題的時候，孩子就能堅持完成計畫表上的任務。

如果說沒有計畫的孩子生活一團糟，那麼，做計畫表就是孩子成長的加油站。挫折面前，孩子常常會手足無措，做事沒有條理，讓孩子列個計畫表一方面可以轉移孩子的注意力，讓孩子有事可做；另一方面，還可以幫助孩子一步一步走出困境。

透過計畫表，孩子知道面對挫折該如何調整自己的心態，並做出合理的規劃，這就避免了孩子過度沉溺於挫折的打擊下而放棄了行動。

而且很多受到挫折的人，事後總結經驗得失時，總是感慨自己做事沒有計畫性，或者確切的說是缺乏有效地執行力。有時候我們缺乏的正是一種堅持，因此，讓孩子養成一種做事有計畫的好習慣，持之以恆，成功一定會離他不遠。

**教子箴言**

1. 計畫的制訂比計畫本身更為重要。
2. 人生要有目標，要有計畫，要有提醒，要有緊迫感。一個又一個小目標串起來，就成了孩子一生的大目標。
3. 想要戰勝挫折，首先要有一個計畫，要讓孩子清楚地知道自己應該怎麼做。

# 第二節 學寫成功日記——讓自卑的孩子自信些

只有滿懷自信的人，才能在任何地方都懷有自信沉浸在生活中，並實現自己的意志。

——高爾基

在孩子還小的時候，不懂得自卑為何物，慢慢長大了，接觸過的人多了，經歷過的事多了，受到成人的價值觀、審美觀、世界觀的影響，有的孩子越來越自卑。不敢穿漂亮的新衣服，因為害怕並不漂亮的外表會招來他人的非議；不敢表達自己的看法和觀點，因為害怕並不成熟的觀點會引來爭議和笑話；不敢展示自己的才能，因為害怕自己只不過是班門弄斧……

缺點和失敗被「最大化」，而成績和優點卻被「最小化」。自卑孩子的天空布滿陰雲，看不見太陽，就像音樂裡的「小調式」，總是帶有淡淡的憂傷。

自卑的孩子必膽怯，不敢愛也不敢恨，更不敢直接面對自己的缺點和錯誤。在面臨苦難時也是縮手縮腳，不知所措。

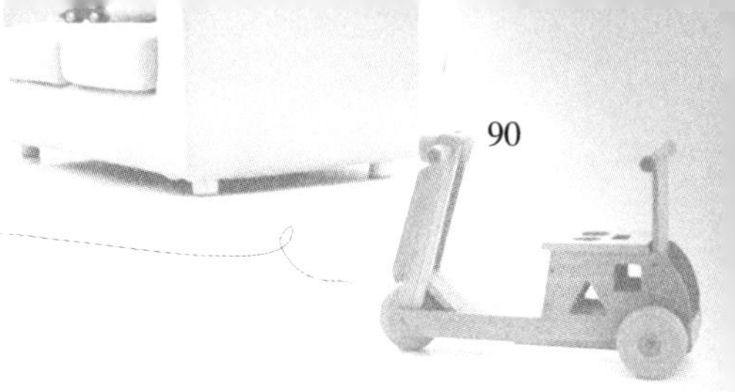



那麼，是什麼造成了孩子自卑的心理呢？

從主觀上說，自卑是在後天由於自我評價不當而逐漸形成的；從客觀上來講，自卑是因為個人的某些缺陷或屢遭失敗造成的。孩子如果從小常被人誇獎和寵愛，長大後他就容易形成自信的性格。而由於某些原因，那些整日生活在斥責和否定環境中的孩子，長大後就可能形成一種自卑的心理。而且自卑的孩子常常會誇大自己的缺點，看不到自己的優點，把眼睛盯在自己的缺點上，越是無法改正，越是在意。

因此，自卑的孩子需要肯定，但這種肯定不是口頭上說說就算了，而是要滲透到生活的點點滴滴，讓孩子切實體會到。我們不能老是口頭上誇獎孩子，自卑的孩子很敏感，如果只是稱讚，而孩子自己體會不到自己到底在哪一點值得稱讚，孩子就會覺得父母在欺騙自己。

在這裡介紹一個方法，讓孩子學寫成功日記，可以讓自卑的孩子一點一點打開心房，變得自信起來。

這裡所說的成功，與其說是「成功」，還不如說是讓孩子發現自己的優點，並且記錄下來。記「成功日記」的意思是記錄孩子的一個個進步，一個個成績，即便再微小、再瑣碎、再不起眼，那也是值得我們肯定的。

孩子上課敢回答問題了，孩子能抬起頭來與他人直視了，孩子能夠表達自己的觀點了……這些對自信的孩子來說，也許並不算什麼，但對自卑的孩子來說，卻是尤為重要的。這個時候，我們就要像攝影師一樣幫助孩子記錄下這些「成功」的片段。如果我們不肯定孩子，孩子自己也不會肯定自己，那麼，我們錯過的不是一個鼓勵，而是一個幫助孩子重塑自信心的機會。

## 建議一：幫助孩子發現成功

羅丹說：「美是到處都有的。對於我們的眼睛，不是缺少美，而是缺少發現。」正如自卑的孩子並不是真的一無是處，而是做父母的缺少一雙發現孩子優點的眼睛。自卑的孩子在剛剛開始記錄成功日記時，是不確定自己是不是真的有成功的事情能寫入日記的，如果這時候家長不即時鼓勵孩子，發現孩子的優點和長處，那麼讓孩子寫成功日記也就成了一句空談。

「妳怎麼不寫呢？」媽媽看見女兒在桌子上思考了半天，也沒寫出來一個字，便詢問道。

「媽媽，我什麼也沒有做。」女兒低著頭，委屈的快要哭了。

「怎麼會什麼也沒有做呢？」媽媽笑著反問，「妳忘了嗎，今天老師不是還表揚妳，說妳在長跑中堅持到底了嗎？而且，老師還跟媽媽說，妳是唯一一個堅持跑完全程的孩子哦，女兒這麼棒，難道不值得寫進成功日記嗎？」

「真的嗎？」女兒不確定地問。

「真的，老師誇獎妳是最努力的，媽媽也認為妳很優秀，妳自己也應該認為自己是最棒的。」

透過這樣的引導，孩子就會漸漸明白，即使一件微不足道的小事，只要能表現出戰勝自己的精

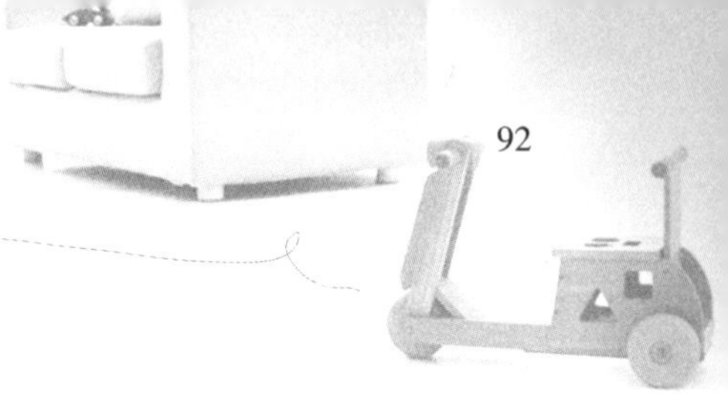

神，那就是成功的證明。

## 建議二：即時讚揚孩子的成功

表揚孩子是最有效的方法和手段。孩子的自我意識和自信心最初都是從成人的評價中獲得並逐步發展起來的。即時發現孩子的成功之處，多表揚孩子，是對孩子個性、能力的一種肯定，有利於孩子自信心的形成。

切忌用尖刻的語言嘲諷奚落孩子，如果當眾諷刺、貶低或故意揭短，誇大孩子的缺點，就會傷害孩子的自尊心、自信心。孩子即使有自信，如果家長經常不負責地說，這個孩子不行，久而久之，孩子也就認為自己不行，進而失去了自信。

孩子寫完自己的成功日記後，如果拿給你看，這時一定要讚揚孩子，這不是虛偽的應付，而是肯定的鼓勵。常說孩子你真棒，孩子就會覺得自己很棒。心理暗示的作用，在心理學上是經過證實的。

## 建議三：讓孩子擁有成功的體驗

哪怕是微不足道的成功也會使孩子信心百倍，因此，對自卑的孩子，父母要設法幫助他提高自信能力，需要孩子做的千萬不要包辦代替。因為成功的經驗越多，孩子的自信心也就越強。自信心和成功是相輔相成的，有了自信心，就容易獲得成功。對孩子來說，更重要的還是先體驗到成功感，才容易形成自信心。

在日常生活中，父母有意識地讓孩子做一些易於完成的事，使孩子有獲得成功的機會，讓孩子有東西可寫，讓這種良好的狀態持續下去，使孩子經常能體驗到成功的喜悅。即使孩子失敗了，也要幫助他分析原因，讓他再試一試，使他清楚透過努力就能夠獲得成功。這樣就能形成良性循環，孩子的自信心和成功都會呈現。

等到孩子的自信心得到加強，孩子會更加樂意的記「成功日記」了。

## 建議四：切忌和別的小朋友盲目攀比

很多家長常拿別人孩子的長處與自己孩子的短處相比，讓自己的孩子總感覺低人一等。殊不知，尺有所短，寸有所長。每個孩子都有自己的長處，也都有自己的不足，只要孩子在不斷努力，就是值得自豪的。

許多父母很容易忽略這一點——優秀的孩子與自己的孩子比，「看隔壁的誠誠，現在已經記住500個單字了」、「看芳芳每天晚上讀書到10點鐘」。殊不知經常對孩子說類似的話，孩子就會失去繼續寫成功日記的動力，因為他會認為，他的每一次成功和別的小朋友相比，在父母的眼裡還是沒有什麼大不了的。既然沒有什麼大不了的，那還寫什麼？長此以往，孩子的自信心當然不容易建立了。

自信和自卑並不是天生的，後天的一些行之有效的方法是能夠幫助我們建立自信的。讓自卑的孩子記成功日記吧！你會發現孩子會一天比一天更自信。孩子有自信，才會勇敢地面對任何挫折和困難，才會在遇到挫折和困難時不會一蹶不振。

## 教子箴言

1. 人有堅定的自信是不可戰勝的，沒有自信的孩子是悲哀的。
2. 哪怕是在微小的一件事，也是值得寫進「成功日記」裡的。因為成績即使再微小，那也是孩子進步的記號，是自卑的孩子變得自信的基石。
3. 孩子若說服自己，告訴自己可以辦到某件事，假使這事是可能的，孩子也能辦得到，不論它有多艱難。相反，若孩子認為連最簡單的事也無能為力，孩子就不可能辦得到，而再微小的困難對孩子而言，也變成不可攀的高山。

# 第三節 別把困難當回事——讓悲觀的孩子樂觀些

孩子的身上存在缺點並不可怕，可怕的是做為孩子人生領路人的父母缺乏正確的家教觀念和教子方法。

——珍妮·艾里姆

睡前，和女兒一起讀了一個小故事，故事的內容是這樣的：某老闆派了兩個職員到非洲某地考察鞋業市場，他們到了那個地方後，發現當地人是不穿鞋的。回來之後，第一個職員沮喪地向老闆報告說：「那裡沒有市場，因為根本沒有人穿鞋子。」第二個職員則樂觀地對老闆說：「市場態勢大好，因為無人有鞋穿，存在巨大的商機。」結果後者得到了提升嘉獎。

這個故事告訴人們，任何時候都不能以消極的態度對待生活，那樣等於尚未動手做就舉手投降，自己為自己設置了無法逾越的障礙。面對困難，要看到光明的一面，要勇於挑戰生活，把不利因素看作是考驗自己人生價值的難題。並且透過奮鬥努力，詮釋難題，使自己得到鍛鍊。如果被困難嚇倒，自然就會與成功失之交臂。

為了能讓女兒明白這麼深奧的人生道理，我決定和她討論一下。

「如果是妳面對這道難題，妳會怎麼想？」

「媽媽，我為什麼要到非洲去賣鞋，那好遠哦？」女兒疑惑不解。

我一時間無語，看來溝通出現了問題。

「我的意思是，如果妳一定要到非洲賣鞋，發現非洲人原來是不穿鞋的，那麼，妳還會在哪裡賣鞋嗎？」我怕她聽不懂，就換了一種問法：「有一道數學題，老師沒有教過，妳做不做？」

女兒思考了一下，問：「媽媽，那道數學題難嗎？」

「不知道，我也沒做過，妳願意嘗試一下嗎？」

「還是算了吧！媽媽，我不想做。」女兒很快給出了答案。

「為什麼呢？」

「老師沒有教過的，一定很難的。」女兒回答的很乾脆，而我卻看到了危機。

面對困難，不能以一種積極樂觀的心態嘗試一下，而是誇大困難，消極逃避，這怎麼行呢？

「寶貝，別把困難當回事，如果妳不做，妳怎麼會知道自己行不行呢？」我告訴她。

一種樂觀的心理像一個強而有力的磁場，又如同花蜜吸引蜜蜂一樣會將各種有利因素吸引到自己身邊，事情也因此有了改變的可能。孩子也是一樣，當他面對苦難、面對困難時，如果出現的第一個念頭是：「太難了，我不行的。」那他可能會悲觀絕望。

而他如果想到的是「困難有什麼大不了的，我可以的！」以一種積極樂觀的心態鼓舞著自己，那麼孩子會更容易獲得成功。因此，我們應盡可能地幫助孩子，讓他們擁有樂觀的心態，別把困難當回事，讓他們的每一天都能充滿陽光。

## 建議一：常說「太好了！」

你或許不知道一句話會有多大的魅力，會對孩子的心靈產生多麼重大的影響，那麼嘗試說一下這句話吧！

女兒要去考試了，膽怯地說：「媽媽，我真害怕，考不了第一，別的同學會怎麼看我？」我微笑著說：「太好了！我的女兒要上考場了！別想結果，只想過程。平時怎麼學，考試就怎麼寫。媽媽不在乎第一，而在乎妳平時的努力。」

女兒考試獲得了好成績，我會微笑著說：「太好了！孩子的努力沒有白費！」女兒考砸了，我也微笑著說：「太好了！這回妳知道自己哪裡不會了！成功就躲在失敗的後面。」

這是一種樂觀主義精神，而且具有很強的感染力，常說這句話，可以讓孩子從中體驗快樂，成為一個樂觀主義者，這比成功更重要。

樂觀的孩子即使遇到挫折，他也會很快調整自己的情緒，採取行動，戰勝挫折，走出困境。

## 建議二：教育孩子學會面對挫折

人生態度決定人生的成敗，儘管不能保證事事成功，但積極的人生態度，是成功的先決條件。人的一生中會經歷無數的困難和挫折，在教育孩子的問題上，我們要堅信，從困難與挫折中走出來的孩子會更堅強和樂觀地面對人生。

積極的人生態度，如同在足球場上奮力奔跑的運動員，儘管快跑未必一定進球得分，但若慢跑而不出腳，沒有進球取勝的信心，就沒有進球獲勝的輝煌。

積極的態度能使一個人將自己的弱點視為一種挑戰的機會。科學證實，當我們有過一次成功的經歷，我們大腦裡便會「刻鏤」出一種行為模式。要是孩子設法把這個成功的行為模式重新喚起或「重播」，它就會自行發生作用。

面對孩子的挫折和苦難，我們要讓孩子有正視挫折的樂觀心態。成功了固然值得讚揚，失敗了也沒有關係，從中汲取教訓，鼓勵孩子不再犯同樣的錯誤，讓孩子逐漸明白挫折也是一種財富。

## 建議三：告訴孩子困難的另一面

困難像彈簧，你強它就弱，你弱它就強。困難並不是只有一面，彷彿一個攔路虎，阻擋了孩子前進的道路。困難的另一面會有鮮花，會有掌聲。遇到困難，孩子往往只看到不利於自己的一面，誇大困境，還沒有開始，就已經被困難嚇倒。

悲觀有時來自於想像，面對困難，最可怕的就是把困難看的脫離真實。誇大了困難，孩子的意志就會有所退縮。而不把困難當回事，在不知不覺中，困難就會被孩子一點一點化解。

所以，要教育孩子多往好的一方面思考，引導孩子辨析論證地看待事物，看起來有害的事，從另一個角度看也是有益的。這樣，孩子才會鼓起勇氣，以一種樂觀的心態看待問題。

如果孩子在漫長的生活中形成對事物的樂觀態度，他的成長就會更順利些。如果一個孩子能夠樂觀的對待困難，那麼他就會發現，其實困難也就是那麼回事。

## 教子箴言

1. 樂觀是一種性格傾向，使人能看到事情比較有利的一面，期待更有利的結果。
2. 父母給孩子最珍貴的禮物，不一定是一大筆遺產或者頂尖的教育，而是孩子面對挫折的恢復力以及堅定不移的樂觀心態，讓孩子不論受到怎樣的打擊都能安然度過。
3. 如果孩子在困難面前想到的是「困難有什麼大不了的，我可以的！」以一種積極樂觀的心態鼓舞著自己，那麼孩子會更容易獲得成功。

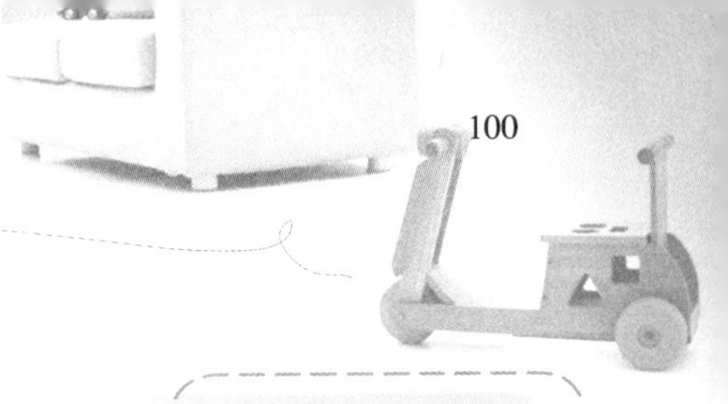

# 第四節 方法總比困難多——讓遇到困難的孩子會思考

懶於思索，不願意鑽研和深入理解，自滿或滿足於微不足道的知識，都是智力貧乏的原因。這種貧乏之用一個詞來稱呼，就是「愚蠢」。

——高爾基

這裡我們不討論讓孩子勤動腦、勤思考的好處，因為它的好處顯而易見，關於這一點，我們做父母的都能達成共識。

我們也不討論有多少父母，圖省事，嫌麻煩，幫助孩子思考，在孩子遇到困難的時候，急於幫助孩子做決定，因為，我們做父母的都知道這是不對的。

今天，我們要學習的是如何讓孩子勤動腦、勤思考，如何讓孩子在生活和學習中，面對所遇到的一切艱難險阻，有思考的勇氣和方法。因為這對孩子來說，是一項必須具備的生存技能。

人總是會遇到困難，遇到了困難我們當然要想辦法解決。可是要如何解決呢？這就需要我們啟動腦筋，思考解決問題的方法。如果我們只是教會孩子面對困難不逃避、不放棄，而不教會孩子如何思考，如何解決困難，這也是不行的。

孩子的年齡小，人生的閱歷還不夠豐富，遇到困難會驚慌、會失措，這是孩子面臨困難時的正常反應，但如何戰勝困難才是關鍵，因此，在平時的生活和學習中，要培養孩子勤動腦、勤思考的習慣。

## 建議一：保護孩子的好奇心

好奇是孩子的天性，孩子對周圍的世界充滿了強烈的好奇心和求知慾，在他的眼裡，什麼都是新奇的。玩具玩到一半，拆開看看；見到不認識的東西，他也會湊上去摸摸；看到螞蟻搬家，一看就是一個小時；聽到鬧鐘響，他會好奇地拿在手裡搖一搖。這種好奇心對孩子來說是一種寶貴的素質，孩子只有對一件事充滿好奇，他才會主動的思考與這件事有關的東西。

浩浩是個調皮鬼，任何玩具到他手裡，玩不了兩天就會被他大卸八塊。

媽媽很生氣：「你怎麼這麼不愛惜玩具啊！」

浩浩不服氣：「我只是想看看小汽車怎麼跑的。」

媽媽大發雷霆：「你還頂嘴，我以後再也不給你買玩具了，一點都不知道愛惜！」

爸爸把浩浩拉到身邊：「我問你哦，你發現汽車會跑的祕密了嗎？」

說到這，浩浩的眼睛亮了起來：「爸爸，有輪子，輪子動，小汽車就跑的非常快！」

「那你知道輪子為什麼會動嗎？」爸爸啟發道。

「不知道，我找了半天也沒有找到原因。」浩浩覺得有點不好意思。

「沒關係，你把小汽車拿來，我們一起找找。」爸爸安慰浩浩。

浩浩捧著一堆汽車零件，放到地板上。

爸爸拿起裡面一個挺重的鐵輪子，告訴浩浩：「當車輪轉動時透過齒輪讓慣性輪以更快的速度旋轉，較大的慣性輪也意味有較大的慣性，所以車輪比較緊，當慣性輪快速轉動時就可以反過來帶動小車前進了。」

「真的嗎？」浩浩明顯有點不相信。

「你可以試試啊！」

「可是這都壞了。」浩浩抱怨。

「還可以修，你試試，一定行的。」爸爸邊說邊把汽車零件放到浩浩的手裡。

浩浩覺得還挺有意思的，就坐在地板上，維修那輛慘不忍睹的小汽車。遇到不明白的問題，抬起頭來問一下爸爸。

當他拿著自己修好的汽車時，心情非常高興。

從那之後，浩浩遇到玩具還是會拆開來看看，但是每次他都盡力將玩具恢復原狀，不管花多長時間，浩浩也能堅持到底。

所以，當孩子拆壞一件東西時，不要忙著責怪他，注意如何引導孩子一起把拆壞了的東西修好，並講明原理。這樣才能滿足孩子的好奇心，才能有意識地啟發他積極思考，尋找答案。

面對困難也是如此，不要急於責備孩子，「你怎麼這麼笨，連這個小問題都不會？」，「你過來，我告訴你應該怎麼做。」我們要相信孩子有能力自己解決生活中的一些小問題，要適當的給予指導，而不是以責備替代。

## 建議二：允許孩子標新立異

孩子的腦袋裡裝滿了千奇百怪的想法，我們不要以自己固有的想法干預孩子，要允許孩子標新立異。

一天晚上，媽媽給兒子說了這樣一個寓言故事：「宙斯想要為鳥類立一個王，指定一個日期，要求眾鳥全都按時出席，以便選牠們之中最美麗的為王。眾鳥都跑到河裡去梳洗打扮。寒鴉知道自己沒有一處漂亮，便來到河邊，撿起眾鳥脫落的羽毛，小心翼翼地插在自己身上，再用黏膠貼住。指定的日期到了，所有的鳥都一齊來到宙斯面前。宙斯一眼就看見花花綠綠的寒鴉，在眾鳥之中顯得格外漂亮，準備立牠為王。眾鳥十分氣憤，紛紛從寒鴉身上拔下本屬於自己的羽毛。於是，寒鴉身上美麗的羽毛一下全沒了，又變成了一隻醜陋的鳥了。」

講完後，媽媽要求兒子說出這篇寓言故事的意義。兒子答道：「嫉妒和報復比自己漂亮的人是不對的。」媽媽聽完後發現與書上給的答案不一樣就對兒子說：「這篇故事是告訴我們，藉助別人的東西可以得到美的假象，但那本不屬於自己的東西被剝離時，就會原形畢露。你說的是不對的，記住正確答案了嗎？」兒子點點頭。從那以後，故事就變成了媽媽讀，兒子聽，兒子再也不敢隨便發表自己的看法了。

我們不能認為孩子和我們想的不一樣，就一定是我們對了，孩子錯了。世上有很多事情是不能以對錯論是非的，而且我們的想法也只不過是來自書本。這麼做，只能使我們的孩子變成一個被動接受他人思維的「容器」。

父母應鼓勵孩子有自己的見解，即便再離譜，再「奇思妙想」，也不要告訴孩子：「你錯了，正確的答案應該是這樣的……」因為孩子發表意見，挑起的是自己的思維能力，這是孩子對問題進行縝密思考後給出的答案，也是孩子具備獨立思考能力的重要表現。

不要看輕孩子的這種想像力，更不要扼殺這種想像力，有時候，困難的解決靠的恰恰是這種靈機一動的思想火花。

## 建議三：不要直接代替孩子解決問題

由於孩子的認知水準有限，常常會問很多奇怪的問題：「花兒是怎麼呼吸的？」，「太陽的家在哪裡？」……而且喜歡打破沙鍋問到底。父母一定不要直接給出自己的答案，否則時間長了，孩子會對父母產生依賴心理，不會自己動腦思考，也就難以養成獨立思考的習慣了。聰明的父母面對孩子問的問題時，不是告訴孩子答案，而是教孩子解決問題的方法，讓孩子從中學會獨立思考。

孩子跑來問媽媽：「媽媽，我是從哪來的啊？」

「你猜猜？」媽媽開玩笑般地回答。

「我是不是也是從媽媽的肚子裡出來的。」孩子疑惑地說，「是像小狗從牠媽媽的肚子裡出來的一樣嗎？」

媽媽笑了：「是啊！你好聰明哦！」

「我長的這麼大，媽媽的肚子好小哦！」孩子依然不滿足。

媽媽也無語了，要怎麼告訴孩子呢？直接告訴他是由精子和卵子結合而來的嗎？

孩子思考了一會兒：「媽媽，我以前是不是很小，所以可以鑽到妳的肚子裡。」

「怎麼想到你以前很小的呢？」

「因為媽媽總說我長高了，我現在長高了，那不是說我以前很小。」

「對啊！你真會思考。」媽媽覺得孩子聰明極了。

孩子尋找答案的過程就是一個思考的過程，他不斷地提出問題，又不斷地思索答案，思維能力就得到了相對的提高，這對培養孩子獨立思考問題的能力非常有益。

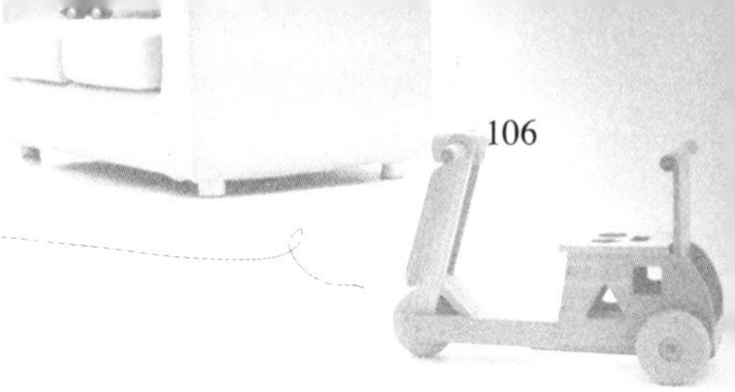

有的父母在孩子遇到困難的時候，並不是讓孩子自己想辦法去解決，而是一門心思地想著如何替孩子解決這次的麻煩，根本不考慮孩子的意見，不給孩子獨立思考的機會和空間。這樣的做法，父母們都明白是錯誤的，既然明白，我們就要做到不要直接代替孩子解決問題。

## 建議四：豐富孩子的知識與經驗

孩子進行思考需要豐富的知識與經驗做基礎。許多孩子之所以想問題想到一半，不是因為他不知道該如何思考，而是缺少了必需的知識和經驗，使問題無法繼續下去。

在平常的生活中，父母要刻意給孩子選擇一些兒童讀物，教會孩子使用查詢工具，帶孩子多去幾次博物館之類的地方，豐富孩子的知識與經驗，拓展孩子的思維領域。

要知道，孩子的思維越豐富，思維也就越活躍。而且孩子會從書本、生活中發現感興趣的問題，他又會思考。長此以往，孩子的思維也會越來越靈活而敏捷。只有這樣，孩子才能在面對困難時能即時找到解決問題的方法。

「一個人到學校上學，不僅是為了取得一份知識的行囊，主要的還是為了變得更聰明，因此，他的主要的智慧努力就不應當用到記憶上，而應當用到思考上。」著名教育學家蘇霍姆林斯基如是說。

因此，引導孩子獨立、積極地思考也是父母義不容辭的責任，因為這是我們在為孩子如何解決問題做準備。

在人的一生中，困難是如影隨形的，應該讓孩子在遇到困難的時候學會思考，尋找解決問題的辦法。與其給孩子一條魚，不如給孩子一支釣竿，讓孩子在任何時候，都能依靠自己找到解決問題的辦法。

這對孩子來說，才是一筆寶貴的財富。

### 教子箴言

1. 思考能拯救一個人的命運。
2. 保護孩子的好奇心，認真回答孩子提出的問題。回答孩子的問題時，父母不要盡量拿出合乎道理的解答方式，採用有邏輯性、科學的回答方式，讓孩子能正確認識問題。
3. 多向孩子提問題。提問題要講究技巧，盡量避免「是」與「不是」的回答，多問些「為什麼？」、「怎麼樣？」讓孩子思考後再回答。
4. 認同孩子主動提問的行為。賞識孩子的主動思考、積極探索和勇於展現自我，瞭解到孩子提問的積極一面。

# 第五節

## 眼睛盯著一點看——讓孩子面對挫折堅持不懈

只有經歷地獄般的磨練，才能練就出創造天堂的力量；只有流過血的手指，才能彈出世間的絕唱。

——泰戈爾

有一個孩子看到他的朋友在學習跳舞，便心血來潮，很想學跳舞。於是，他就對媽媽說自己要學跳舞。媽媽覺得可以將舞蹈做為孩子的一個興趣與愛好，當然非常支持孩子。為此，舞蹈老師為他制訂了一套訓練計畫，剛開始需要給孩子拉筋，這個孩子還沒堅持兩天，就覺得太殘酷了，整天都要壓腿，實在是受不了。

媽媽看著也很著急，一直鼓勵孩子說：「堅持一下，你剛開始學，總會辛苦一點。」還沒堅持幾天，孩子就叫嚷著再也不學了，媽媽對此很不理解，明明是孩子自己要求學的，為什麼遇到一點小困難就想到放棄呢？

這樣的狀況經常發生在孩子的身上。孩子遇到挫折常常不能堅持，只是因為覺得困難而選擇逃避和放棄。做父母的特別不能理解，如果是父母強迫的話，孩子選擇放棄還有理由，但明明是孩子自己喜歡的，卻因為不能吃苦，而堅持不下去。遇到這樣的情況，做父母的當然很生氣。

其實，挫折和困難是孩子必須學會面對的，每個孩子的成長都離不開與挫折的搏鬥。每一個成功者，都是一個善於在困境中堅持的強者。做父母的要告訴孩子，面對困難和挫折，堅持一下，轉捩點就在下一個路口。

孩子在面對挫折的時候，必須要銘記，堅持下去，只有堅持才能有無限的可能。凡事再堅持一下，挫折也會成為成功的墊腳石。因為，每一次的失敗和挫折都會為我們帶來不同的人生體驗，都蘊藏著豐富的寶藏，孩子只有在挫折中汲取了經驗和教訓，才會促進自身的成長。很多成功的人常常是在挫折和困境中專注於自己理想、堅持不懈的人。有時候，放棄自己的理想和夢想，是一種生命的浪費。

## 建議一：鼓勵孩子堅持夢想永不放棄

孩子之所以會在挫折面前選擇放棄，有一個很重要的原因是孩子缺乏目標，沒有自己的理想，不清楚自己到底要做什麼。因此，當孩子遇到一點困難，就會選擇放棄。要知道，一個人只要有堅定的目標，才能夠在挫折面前堅持不懈，因為理想越強烈，孩子就越希望維持自己的理想。如果父母

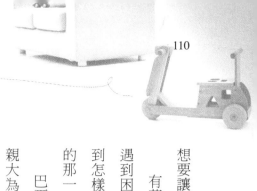

想要讓孩子在困境中堅持不懈，就應該讓孩子擁有一份屬於自己的理想。

有夢想、有目標的人在任何挫折面前都會不達目的誓不甘休。而沒有目標、沒有夢想的人，一旦遇到困難就會很容易輕言放棄。在孩子的成長、成材乃至成功中，不管是否會大起大落，不管會遇到怎樣的挫折，只要認定自己前進的方向，只要堅持自己的夢想，並付諸行動，相信一定會有成功的那一天。

巴爾札克是法國著名的作家，為了實現自己的理想，他放棄了自己不感興趣的律師專業，惹得父親大為生氣，將他逐出家門。為此，巴爾札克從一個大少爺變成了一個窮光蛋。從此，他的生活變得非常拮据，常常以黑麵包和白開水充飢。但是在如此的困境下，巴爾札克也沒有退縮，他堅持不懈，每天的工作時間高達十六個小時，終於寫出了被譽為「十九世紀法國社會百科全書」的《人間喜劇》。

正是自己的堅持不懈，才讓巴爾札克離成功越來越近。道理也正是如此，孩子具有堅定的目標，才能有信心、有毅力在艱難困苦中堅持不懈。

## 建議二：教會孩子從挫折中汲取教訓

比爾．蓋茲有句名言，「如果你一事無成，這不是你父母的過錯，不要將你應當承擔的責任轉嫁到別人的頭上，而要從失敗中汲取教訓。」很多孩子常常會把自己遇到的挫折和考驗看作是父母對自己的刁難，卻很少正視挫折，從挫折中汲取教訓。

教訓是對挫折和失敗的理性思考。汲取教訓，能夠讓孩子更加理性的分析問題產生的原因，可以讓孩子對問題有著更加深刻的認識。教訓可以避免讓孩子在同一個地方摔倒兩次，可以給孩子留下前車之鑑，避免重複同樣的錯誤，進而讓孩子獲得成功。從這個意義上講，挫折和教訓對孩子來說是一筆寶貴的財富。

有一個男孩子非常喜歡練習英語會話，可是他非純正的發音常常惹來同學的嘲笑。但是這個男孩從來沒有因此而放棄，每當別人指出他的不足的時候，他會向嘲笑他的人詢問：「你覺得我哪個音發的不準？」進而即時發現自己的缺點，從中總結經驗，調整好自己的心態，下一次，他又會在同學面前「誇誇其談」。最終，他在全市的一次英語演講比賽中獲得第一名。

在現實生活中，有很多人喜歡談成功的經驗，卻不願意講失敗的教訓，因為談經驗是一種成功的表現，而講教訓總是會讓人臉上無光。其實，對於挫折，我們大可不必「諱疾忌醫」，挫折能夠給人最大的收穫，它與成功一樣重要，應當引起我們的重視。

父母們要教會孩子正確看待挫折，從挫折中累積寶貴的經驗與教訓。只有在挫折面前不輕言放棄，努力堅持，才能做到最好。

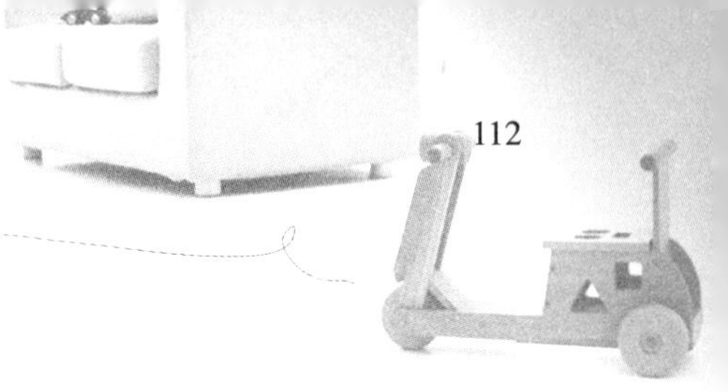

## 建議三：讓孩子保持積極樂觀的心態

越是在困難的環境中，我們越是要保持積極樂觀的心態。不要小看心態的作用，一個人的心態反映的是他的心理素質。心理素質好的孩子在面對困難和挫折時總會微笑面對，想盡方法戰勝挫折。而心理素質不好的孩子，或者說是消極悲觀的孩子面對挫折總是選擇逃避。

積極樂觀的心態是支持孩子堅持下去的勇氣和動力。在挫折面前，首先要放鬆自己，有一句話非常經典：「我們不可以控制結局，但我們可以控制自己的心情。」不要把挫折當回事，要拿出我們自己的自信和能力來，一步一步走下去。在不知不覺中，我們就已經戰勝了困難，解決了問題。

我們都知道在大型的賽事中，有許多很有實力的選手之所以不能取得成功，主要原因在於自己的緊張，總是想著我不行，總想著失敗了怎麼辦？這樣的心理狀態絕對是要不得的。

還有就是孩子對挫折有一種畏懼的心理，不相信自己，總是消極悲觀地認為自己不行，視挫折為攔路虎。如果每個孩子都是以這樣的心態面對挫折，那麼可以肯定的說，他是不可能會成功的。

我們要教會孩子在挫折面前調整自己的心態，用自己最好的狀態來迎接挫折和困難，這對孩子來說是非常重要的。我們每個人都會對未知的事情懷有一種畏懼感，孩子對挫折有畏懼的心理也是正常的，但我們不能由著孩子，讓他對挫折一直恐懼下去。應該讓孩子在挫折面前調整好心態，他才能夠採取正確的行動。

孩子在遭遇挫折和打擊時，會顯得格外消沉，滿心都是失敗的感覺，在這個時候，做父母的要讓孩子明白堅持不懈是一個人成功的基石。面對挫折，如果我們不嘗試，就直接放棄，有時候，我們就失去了一個成功的機會。所以我們要讓孩子保持恆心，以一種積極樂觀的心態，即時從挫折中汲取經驗與教訓。那麼，我們的孩子一定能夠沐浴到成功的陽光。

## 教子箴言

1. 如果一個孩子面對挫折，選擇逃避，那不是孩子的問題，而是父母的教育出了問題。
2. 孩子在挫折面前不懂得堅持，是因為孩子缺乏目標，沒有自己的人生規劃。想要讓孩子堅持下去，首先要讓孩子有理想、有夢想。
3. 我們必須要教會孩子學會堅持，只有堅持，孩子才會有成功的機會。

# Lesson 4

# 靠自己去成功

## ——讓孩子在社交圈中燦爛奪目

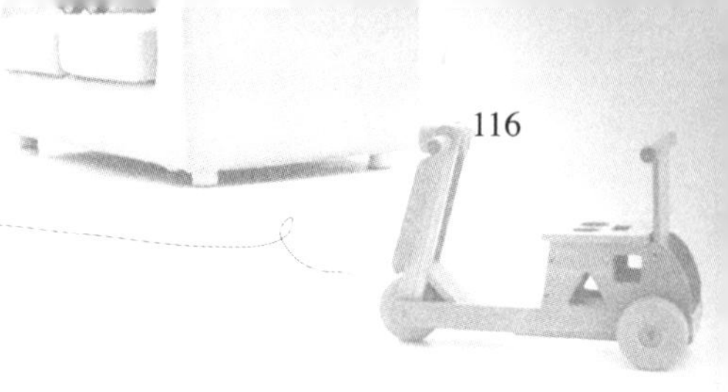

# 神奇測試：孩子的交際能力指數

**1.老師提出了一道很高難度數學題，孩子解出來了，卻還有很多人不明白，這時有同學來問孩子，孩子會：**

A.很樂意幫助有困難的同學。

B.不告訴他們，讓他們自己解決，這樣才能真正弄懂題目。

C.我解決了就好，管別人怎樣。

**2.同學到家裡來玩，發現有他最喜歡的漫畫書，想借，孩子心裡擔心漫畫書被同學弄壞，孩子會：**

A.借給同學，但心裡疙疙瘩瘩。

B.會借給他，但也告訴同學要愛惜。

C.拒絕同學，不借。

**3.班級舉辦「小圖書館」活動，每個同學手上都有一本好書。孩子會：**

A.把我的書拿出來跟同學分享。

B.我的書很新，捨不得給同學看，但是我願意看別人的書。

C.自己看自己的書就好，換來換去很麻煩。

**4.孩子有沒有經常與別人合作共同完成一個任務的經歷？**

A.經常。

B.偶爾。

C.沒有。

**5.一位新朋友邀請孩子參加她的生日，可是，她的朋友孩子幾乎都不認識。**

A.孩子非常樂意去認識他們。

B.去了，但心裡不舒服。

C.孩子藉故拒絕，告訴她：「碰巧那天早已有別人邀請我了。」

**6.假期或休假日，孩子喜歡做些什麼？**

A.找別的小朋友玩。

B.看電視。

C.待在家裡自己玩。

**7.孩子本來和朋友有約，但又突然不想去了，孩子又無法通知那位朋友，他會：**

A.決定今天不去了，事後向朋友道歉。

B.還是盡力赴約，並且試圖讓自己過得愉快。

C.還是去拜訪朋友，但很快回來。

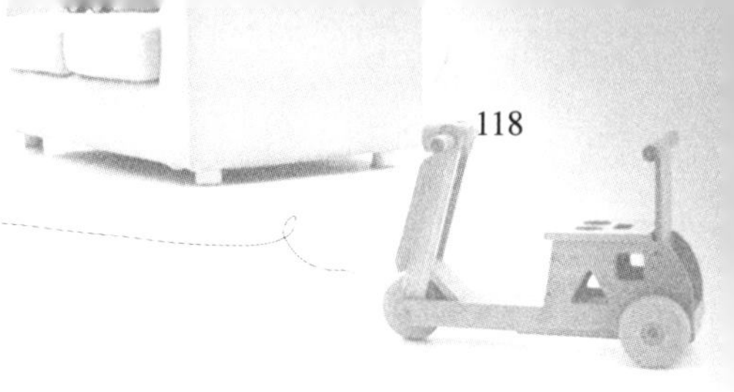

**8. 下課後孩子會經常參加集體活動嗎？**

A. 經常會參加一些集體活動。

B. 老師要求就去，沒要求就不去。

C. 從來不去。

**9. 遇到不喜歡參加的集體活動，孩子會：**

A. 找個藉口不參加。

B. 雖然不喜歡，但還是會參加。

C. 斷然拒絕。

**10. 與人交談時，孩子會經常打斷別人說話嗎？**

A. 經常會。

B. 偶爾。

C. 從來沒有，即使很想發表自己的意見，但也會耐著性子。

**11. 孩子會指出朋友的缺點嗎？**

A. 直接指出朋友的缺點。

B. 委婉地指出朋友的缺點。

C. 不會指出朋友的缺點，覺得這會影響朋友對自己的看法。

**12.遇到困難，孩子會主動尋求幫助嗎？**

A.不會，無論再難，都是自己解決。

B.看情況，如果自己無法解決，會主動求助。

C.遇到困難基本上都要請別人幫忙。

**13.學習上遇到困難，孩子會向誰求助？**

A.同學或朋友。

B.老師。

C.父母。

**14.朋友來找孩子玩，孩子要寫作業，這時，孩子會：**

A.跑出去和朋友玩，作業回來再說。

B.拒絕朋友。

C.和朋友說寫完作業後再去找他玩。

**15.孩子不同意朋友的意見，孩子會：**

A.和朋友大聲辯駁。

B.耐心地向朋友闡述自己的看法。

C.轉身就走，再也不和他玩了。

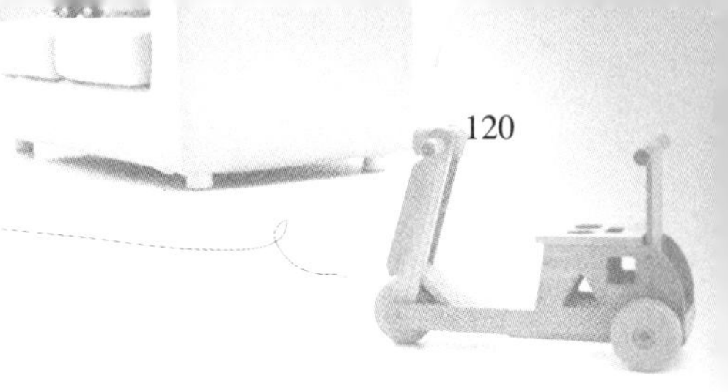

16. 朋友過生日，孩子會送的禮物是：

A. 比較貴的禮物。

B. 朋友喜歡的。

C. 朋友需要的。

17. 朋友或同學批評孩子時，孩子總是：

A、只能部分地接受。

B、斷然否決。

C、愉快地接受。

18. 與別人談話時，孩子會：

A. 懷疑別人對我的言談是否有興趣。

B. 相信自己的談話。

C. 盡量讓別人多說話。

19. 在課堂上，孩子的意見如和老師不同，孩子常：

A. 保持緘默，免得老師有意見。

B. 當場表明態度。

C. 課後去找老師交流。

**20.心情不好的時候，孩子會：**

A.自己一個人默默調解。

B.找朋友出去玩一次。

C.找父母哭訴。

**21.回家的路上，一位陌生人向孩子問路，但孩子急著回家看電視，這時他會：**

A.裝作沒聽見匆匆而去。

B.盡量簡單地告訴他一下。

C.孩子把他引向去火車站的方向。

**22.家裡來了客人，爸爸和客人在談話，但是，電視正在播孩子最喜歡的動畫，孩子會：**

A.不看電視了，做一個乖孩子。

B.看電視，但電視聲音開小，不影響爸爸和客人說話。

C.不管客人，該看就看。

**23.孩子會經常上網嗎？**

A.經常上網。

B.有需要的時候上。

C.幾乎不上。

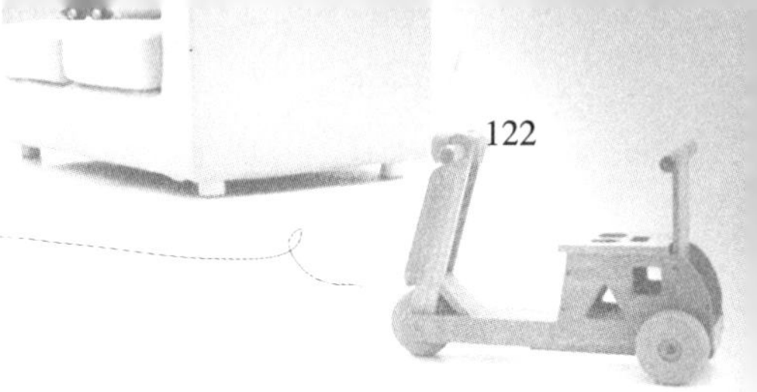

24. 孩子會經常在網路上和人聊天嗎？

A.經常。

B.偶爾。

C.從來沒有。

25. 孩子會經常一個人玩網路遊戲嗎？

A.經常。

B.很少。

C.偶爾。

26. 孩子會經常在網路發文章發洩鬱悶嗎？

A.經常。

B.偶爾。

C.從來沒有。

## 孩子交際能力測驗評分表

| 序號 | 選項 | | | 得分 |
|---|---|---|---|---|
| | A | B | C | |
| 1 | 3 | 2 | 1 | |
| 2 | 2 | 2 | 1 | |
| 3 | 3 | 2 | 1 | |
| 4 | 3 | 2 | 3 | |
| 5 | 3 | 2 | 3 | |
| 6 | 3 | 2 | 1 | |
| 7 | 1 | 2 | 3 | |
| 8 | 3 | 2 | 1 | |
| 9 | 2 | 3 | 1 | |
| 10 | 1 | 2 | 3 | |
| 11 | 2 | 3 | 1 | |
| 12 | 2 | 3 | 1 | |
| 13 | 3 | 2 | 1 | |
| 14 | 2 | 1 | 3 | |
| 15 | 2 | 3 | 1 | |
| 16 | 1 | 2 | 3 | |
| 17 | 2 | 1 | 3 | |
| 18 | 1 | 3 | 2 | |
| 19 | 1 | 2 | 3 | |
| 20 | 2 | 3 | 1 | |
| 21 | 1 | 2 | 3 | |
| 22 | 1 | 3 | 2 | |
| 23 | 2 | 3 | 1 | |
| 24 | 2 | 3 | 1 | |
| 25 | 1 | 2 | 3 | |
| 26 | 1 | 2 | 3 | |
| 總計 | | | | |

**【評價標準】**

1～25分：你的孩子對社交活動和對與人之間的交往不太感興趣，社交能力比較差。他比較喜歡一個人獨來獨往，朋友也不多，常常是自己一個人玩，而且在人前很少願意說話，常常會隱藏自己。建議父母要讓孩子多和朋友來往，不要總是自己一個人。

26～51分：你的孩子和他朋友的關係不穩定，處於一種波動的狀態中。一方面孩子想多和朋友來往，但過程不一定會愉快，另一方面孩子並不願意和朋友來往。這時候，父母就要讓孩子反思一下自己的言行，是否有讓別人不舒服的地方，在人際交往方面是否缺乏技巧。如果孩子能夠改正自己的不足之處，那麼，孩子的處境就會有所改觀。

52～78分：你的孩子人際關係很好，他有很多好朋友，他們之間的相處也比較愉快。孩子的人緣很好，他不僅能在人際交往中獲得快樂，也能夠給朋友帶來快樂。

# 第一節

## 面對失敗不逃避——讓撒謊的孩子知後果

忠誠老實不是從天上掉下來的，而是在家庭中養成的。在家庭中也可能教養成為不忠誠老實的人，這完全取決於父母的教育方法。

——馬卡連柯

有這樣一個大家都耳熟能詳的故事：一個調皮而又愛撒謊的孩子，每天都在離村子不遠的一片草地上放羊。一天，他為了尋開心，對著村子的方向大喊大叫起來：「狼來了，狼來了！」全村人聽到喊叫聲都跑來打狼。他卻非常得意地大笑道：「你們真蠢，你們上當了！」幾天的時間裡，放羊的孩子又做了幾次這樣的惡作劇，人們感到這孩子很討厭，就不理他了。

這一次，狼真的來了。放羊的孩子認真地喊了起來，村裡的人聽到喊叫聲，都以為他又在玩老把戲，誰也沒有理他。於是，惡狼把他的羊都吃掉了。直到這時，牧童才得到了教訓：愛說謊的人，當他說真話時，別人也不會相信他。

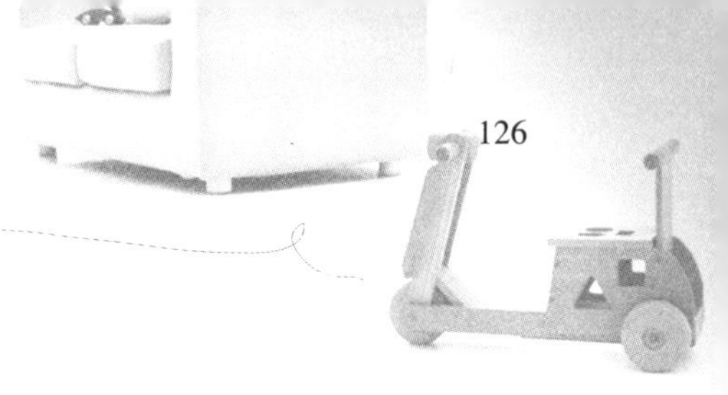

我們總是拿這個故事來教育我們的孩子不要說謊。

孩子撒謊實在是一個讓我們很頭痛的問題，尤其是在知道真相的那一剎那，做父母的很難控制住自己的脾氣。在我們的意識裡，總是希望自己的孩子有一說一，有二說二，即使犯錯也不要緊，但一定要勇於承認錯誤，不能因為逃避處罰而說謊，特別是在父母詢問的時候還選擇撒謊，這是做父母的不能容忍的。

可是孩子撒謊了，該怎麼辦呢？拉過來把他打一頓嗎？

這倒是一個好辦法，孩子不打不成器，一定要讓他知道說謊的後果——媽媽很生氣，你要是說謊，一定會被媽媽打一頓。

然而，父母也同樣明白，教育不能依靠「暴力」來解決問題。但如果對孩子和顏悅色地說，「寶貝，你要知道，說謊是不對的。你說謊了，媽媽就不愛你了，小朋友就不喜歡和你一起玩了。」這樣似乎也沒什麼效果。

當「肢體上的接觸」和「言語上的威脅」不起作用時，做為父母又該如何應對孩子撒謊呢？

如果想解決這一問題，首先要弄清孩子為什麼選擇撒謊。

## 1.自卑的孩子容易說謊

自卑的孩子內心脆弱，很希望得到他人的肯定，尤其是得到來自父母的表揚和關注，當這種心理需求無法得到滿足時，便會選擇撒謊。

阿華很努力讀書，可是總考不到父母所希望的分數。他對此很自卑，總覺得自己辜負了父母的期望。

一次測試過後，媽媽詢問阿華的成績：「這次，成績怎麼樣？」

阿華告訴媽媽：「這次考了甲，老師還表揚我了呢！」

「真的，快讓我看看？」媽媽特別驚喜，「兒子晚上想吃什麼？儘管跟媽媽說。」

阿華提出了自己的要求，果然，晚上「願望」實現了。他第一次「品嚐」到了撒謊的「甜頭」。

從那以後，阿華遇到這種問題，就想盡辦法的對媽媽撒謊。

謊言總有戳破的一天，媽媽和老師交談時，發現了兒子的謊言。

媽媽氣急敗壞地對阿華吼道：「你成績不好也就罷了，怎麼學會說謊了呢？」

## 2.害怕父母的責怪

夢琪打破了媽媽心愛的花瓶，怕被媽媽責備，她把花瓶的碎片藏在了沙發底下。

媽媽清理房間時發現了花瓶的碎片。

「夢琪！花瓶是妳弄壞的嗎？」媽媽很生氣，大聲叫著孩子的名字。

「不是我打破的。」聽著女兒如此中氣不足的聲音，媽媽簡直要抓狂了。

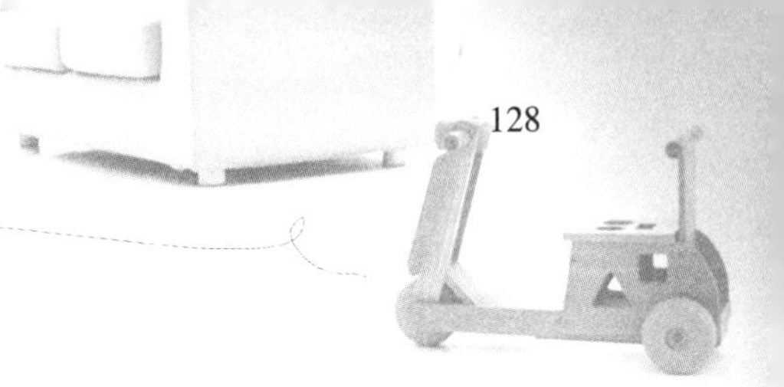

「那它怎麼碎了？」

「是貓咪打破的，我看見了。」

「貓咪能把碎片藏到沙發底下嗎？」聽到女兒編造的拙劣謊言，媽媽自然很生氣，「我最討厭說謊的孩子了，妳回自己的房間好好反省去，今天不說出個所以然來，別想吃飯！」

很多時候，面對粗暴或傾向武力解決問題的父母，孩子為了避免挨打和躲避父母猶如狂風暴雨般的責怪，只好選擇了撒謊。

## 3.攀比心理在作怪

媽媽帶著女兒蓉蓉到朋友家做客。女兒看著朋友女兒新的芭比娃娃，很羨慕，但卻不想說自己沒有，於是就故意對朋友的女兒說：「我爸爸從美國給我帶很多好看的洋娃娃，比妳的好看多了。」

如此明顯的謊話，而且是當著媽媽的面說，媽媽能不生氣嗎？

忍著生氣，回到家，媽媽質問蓉蓉：「為什麼要說謊呢？」

「我沒說謊。」孩子頭一轉，氣呼呼地跑走了。

孩子說謊惹人生氣，這倒是可以容忍，但我們擔心的是，孩子這麼小，就知道說謊和欺騙，長大了繼續說謊、欺騙怎麼辦？他的誠信在哪裡，他將如何在社會上立足？勿以善小而不為，勿以惡小而為之。這樣的道理我們都懂。

我們並不能保證孩子永遠都不會說謊，但是我們必須要避免孩子繼續說謊。那麼，在弄清了孩子撒謊的原因之後，我們又該如何解決孩子撒謊呢？

首先，要弄清事實真相。

在家教方面，溝通永遠佔據第一位置，所以，在發現孩子說謊之後，父母要做的就是透過溝通弄清孩子說謊的真相，而不要以大人的道德標準來進行衡量和處理。否則，不僅會損害孩子的自尊，還會影響他的人格發展，誘使孩子更嚴重地說謊，甚至試圖從不道德的方面去說謊。

其次，要通情達理地進行懲罰。

既然孩子說謊，就必須進行相對的懲罰，以此來加深孩子的印象，使孩子明白做錯事就應承擔相對的後果。讓他明白謊言在給父母帶來困擾的同時，也給自己帶來了麻煩。

不過無論是什麼樣的挫折教育和說謊懲罰，都應適當進行，切不可過於苛刻，否則便會讓孩子感到不公。為了反抗這種不公待遇，而變本加厲地說謊。所以，要讓孩子明白，自己雖然付出了代價，但父母仍舊是喜歡和疼愛自己的。

第三，適當的冷落和孤立孩子，讓他主動認知錯誤。

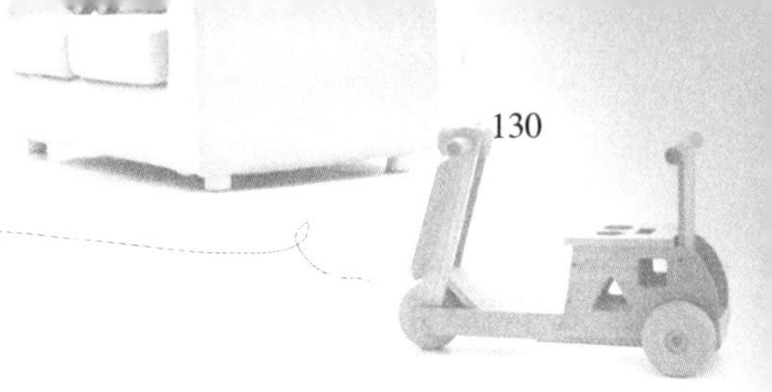

一旦發現孩子說謊之後，父母要做的不是憤怒地呵斥和責備，可以適當對他進行冷落處理，讓他處於孤立狀態進行自我反省。當他認知到自己的錯誤，並有悔改之意的時候，父母不妨再告訴他不對的地方，並對孩子加以引導。不過在採用這種方法時，一定要適度地進行冷落和孤立，如果超過孩子的心理承受範圍，則會造成叛逆效果。

第四，防微杜漸，別讓說謊成習慣。

對父母來說，孩子說謊並不可怕，可怕的是孩子的謊言屢屢得逞，最終養成了說謊的習慣。所以，在謊言敗露時，要引導孩子直言不諱地承認，而父母則伸出援助之手幫助孩子解決這個問題。這種動之以情、曉之以理的做法，往往會讓孩子終身難忘，並成為自己的人生信條。

**教子箴言**

1. 孩子撒謊並不可怕，可怕是父母不知道孩子為什麼會撒謊。
2. 撒謊的表象下面一定包含著很嚴重的認知問題。
3. 孩子之所以會在失敗之後選擇對父母撒謊，有時候是因為父母對孩子期望過高。
4. 要注意孩子的言行，避免在孩子撒謊之後，我們才知道。

# 第二節 遇到挫折會合作——讓「獨立」的孩子融入群體

家庭——是一個人應該學習做好事的起源之地。家庭每日、每時都在和學校群體的精神生活相接觸，學校不能沒有家庭的配合，學校裡群體主義的道德文明在許多方面，就是開在家庭裡的許多花朵的果實。

——蘇霍姆林斯基

看到這個題目，或許有的父母會覺得不能理解，現在社會一直在強調個性張揚，父母們都希望自己的孩子能夠獨立和自理，而關於如何培養孩子的合作意識卻沒有形成一個概念，或者說並沒有放在心上。

這其實是我們教育的一種錯誤，輕視了合作在當今社會中的重要作用。現代社會中，一家只有一個孩子的現象是比較常見的。沒有兄弟姊妹之間的互相幫助，沒有父母的親密陪伴，孩子常常一個人玩遊戲，一個人寫作業，根本沒有合作的意識，而且我們經常教導孩子要學會自己的事情自己做。相比之下，我們的孩子獨立有餘而合作不足。

或許，在平時的生活學習中，父母並不認為這是一個缺點，畢竟自主性和獨立性比較強，意味著孩子的分析問題和處理事情的能力比較強。但如果孩子遇到了麻煩和挫折，很努力卻還是無法戰勝困難時，他就要尋求幫助，和他人一起合作。

況且現代社會是一個「流水作業」的社會，社會分工越來越精細，很多工作必須與他人合作才能完成，而且社會是一個群體性的社會，個人在整個社會面前是微不足道的。身處這個社會，合作是一個人必須具備的素質。這和一個人是否優秀無關，和一個人是否願意也沒有關係，不能合作，不能與他人共事的人會首先被這個社會淘汰。

在這樣的情況下，如果不創造條件鼓勵孩子多和同年齡人交往，不教育孩子學會與他人合作，那只會使孩子無法適應現代社會的「遊戲規則」。

這並不是危言聳聽，很多本來很優秀的人，不能取得成功的原因不在於他的能力，而在於他沒有一個良好的人際關係，不懂得與他人合作。本來事情還是有轉機的，因為我們不能與人合作而陷入絕境，或者一些挫折和困難本來就是需要我們齊心協力才能戰勝的，但是因為我們堅強獨立過了頭，而使我們在困難和挫折面前栽了跟斗。

因此，與其日後孩子遇到困難，一籌莫展不知道該如何是好，而選擇放棄，不如我們讓孩子養成與人合作的良好習慣，讓孩子多條選擇的道路。

在心理學上，有一個概念叫做「樂群性」，這個概念是衡量一個人個性內向還是外向的重要標誌，和一個人的性格息息相關。一個性格外向，知道如何與人溝通，知道如何表達自己的感情的人常常也是善於與人合作的人。這種樂群性並不是與生俱來的，它是需要後天培養的。這種樂群性就是合作精神，這也意味著一個人會不會合作、想不想合作是與一個人的性格與年齡等生理特徵無關的，它是透過後天培養得來的。

關於這一點，學校教育比較能夠做的周全，一方面是因為學校本身就是一個群體，另一方面是因為學校的重視。在幼稚園，我們常常可以看到這樣的場景：老師把孩子兩兩分成一組，然後將孩子的腳綁在一起，讓他們一起跑向終點。透過設置這樣的小障礙，希望孩子懂得在挫折和困難面前能夠學會合作。那麼，在家庭教育中，父母應該怎麼做呢？

## 建議一：幫助孩子正確認識自己

這是孩子能否與人合作的前提。「認識自己」包括兩個方面，一是認清自己的長處，知道自己擅長什麼、會什麼。例如有的孩子會畫畫，有的孩子會跳舞，這是兩種在團體中有著不同作用的才藝，需要區別對待的。二是知道自己的缺點在哪裡。比如有的孩子不善於表達，有的動手能力不強等等。在認清自己的缺點之後，孩子就會知道自己在群體中將會扮演何種角色，或者說什麼角色是自己不能勝任的。比如，不善於表達的孩子是不能做「隊長」的，這個角色要求在團體中要善於與他人溝通，而動手能力不強但腦筋轉的比較快的孩子，適合在團體中提供一些「奇思妙想」。

在正確認識自己的優缺點後，孩子會更加清楚與人合作的重要性，因為在認識自己的缺點後，孩子會懂得「金無赤足，人無完人」的道理，很多事情，僅憑一己之力是不能完成的。

## 建議二：讓孩子學會欣賞他人

我們為什麼要合作？這是大多數無法與人合作的人會問的一個問題。這個問題暗含的意思是：有我已經足夠，再找一個人能有什麼作用？這個問題這麼難，找別人也沒有用。其實，這正是無法欣賞他人造成的。

孩子們總希望自己是最棒的，希望能夠得到來自父母、老師的讚揚。在孩子的內心裡，表現自我、展現自我才是最重要的，這就使孩子無法欣賞別的小朋友，無法容忍其他的小朋友贏得周圍人的目光。

有的孩子認為，一些困難和挫折自己那麼辛苦都無法解決，他人怎麼能夠解決呢？既然麻煩了他人還無法解決，那麼為什麼還要與人合作呢？

其實，只有學會欣賞別人的優點，才能認識一個人的價值之所在。在現實世界裡，每個人都有自己存在的理由，我們不能因為自己的成功而抹煞他人對社會的貢獻。

只有學會欣賞他人的優點，我們在遇到困難的時候才能找到合適的人與我們取長補短，相互合作，共同解決問題。一個花費大量時間和精力才能戰勝困難的孩子並不是不值得表揚，不過在這個快節奏的社會裡，能夠透過與他人的合作快速解決問題，這對孩子來說也是一個寶貴的經驗。

因此，我們要教會孩子學會欣賞他人，學會欣賞他人的優點，和他人一起共事。當孩子這樣做了，他會發現成功將事半功倍。正如蘇格拉底教育他的學生所說的那樣：「優秀的人總是相互欣賞的。」

## 建議三：讓孩子體會到集體合作的樂趣

一群孩子在沙灘上堆城堡，還不到一會兒，一個小孩就和正在玩耍的小朋友爭吵了起來。

「我要的是小鏟子，不是小水桶，你怎麼搞的，老拿錯？再這樣，我們就不和你一起玩了。」

被訓斥的那個小孩有點不知所措，其他的小朋友也停了下來，圍在一旁，看著他們爭吵。

「你們怎麼還不快點，要不就堆不好了！」這個孩子很生氣。

其他的小朋友感到不滿了：「為什麼要聽他的啊？」

於是，他們把這個孩子「驅逐」出了他們的地盤。

現在的孩子自我意識很強，做事情很少主動考慮他人的感受，完全照著自己的心意來。而且現在的電視、電影一直在宣傳個人英雄主義，很少渲染團結合作的精神。這就使孩子越來越缺乏團結合作的精神，只想著如何表現自己，無法體會到集體活動的樂趣。一旦事情比較棘手，無法解決就開始挑毛病推卸責任。

事實上，透過集體合作，孩子可以更加充分展示自己的長處，當他不再為自己所不擅長的領域擔心時，會發現自己的長處；當一群人在一起完成一項任務時，那種成功的喜悅是孩子獨自一個人取得成功所無法體會和無法言傳的。

為了讓女兒也有這種意識，遇到事情能夠想到與人合作，並且體會到這種合作的快樂，我特意邀請女兒的同學來家做客。

我給她們設計了一個小遊戲：堆積木比賽。把這些小孩子分成兩組，哪一組能在最短的時間裡堆完規定的圖形，哪組就獲得勝利。剛開始的時候，女兒並不願意參加。我鼓動她說：「試試吧！同學來家做客，妳怎麼能不陪著呢？」

女兒興趣索然地和她的同學玩了起來，我在旁邊計算著時間，製造緊張的氛圍。隨著比賽越來越激烈，女兒的好勝心被完全激發了出來，她和同組的小朋友把圖形又分成幾個小部分，快速堆了起來，但幾個圖形必須連接在一起，所以又不能離得太遠。這種要求高度合作的比賽，讓女兒興奮起來。女兒和她的「戰友」緊密合作，在最短的時間裡取得了勝利，幾個孩子興奮地互相擁抱起來。

睡覺的時候，為了加強遊戲的效果，我問女兒：「今天晚上玩的開心嗎？」

女兒高興地告訴我：「媽媽，我們這一組好厲害，三分鐘就把積木堆好了，顏色也沒有出錯，呵呵！」

「是啊！但如果是一個人的話，妳能做到嗎？」

「我一個人不能在三分鐘內完成。」女兒猶豫了一會兒，還是很誠實地告訴我，「而且我也不一定能夠堆好。」

「所以說，一個人的力量是有限的。一根筷子很容易折斷，但是一把筷子就不是那麼容易就能折斷的了。」我告訴她，「而且妳不覺得比自己一個人玩更快樂嗎？」

「嗯！我們贏的時候，我就覺得特別自豪。」女兒似乎明白了我這樣做的目的，「一開始我堆的不好，琪琪還提醒我，以後我遇到不會做的事情，我就知道該怎麼辦了。」

「可以與人合作，但是也不要自己什麼也不做，要明白在挫折面前既要獨立又要合作，這樣才能又快又好的解決問題。」我提醒女兒。

學會合作，是這個時代的要求，我們在讓孩子養成團結合作的時候，也要注意方法，簡單的、枯燥的說教並不一定能有著多大的作用。讓孩子在遊戲中體會到集體合作的樂趣，體會到成功的喜悅，而且也要注意不要讓孩子過於依賴他人的幫助，要知道，合作和依賴還是有區別的。

**教子箴言**

1. 合作是這個社會要求孩子必須具備的。
2. 讓孩子體會到群體活動的樂趣比告訴孩子團結合作更重要，更能讓孩子發自內心地接受。
3. 既要讓孩子學會獨立，也要讓孩子善於合作，這兩者之間並不衝突。
4. 挫折有時候並不是孩子獨立堅持就能解決的，在困難面前懂得合作，而且會合作，這也是一種方法。

# 第三節 這是我的看法——讓遇到困難的孩子有主見

習慣真是一種堅強而巨大的力量，它可以主宰人的一生，因此，人從幼年起就應該透過教育培養一種良好的習慣。

——培根

你有沒有過這樣的煩惱？

孩子有作業不會做了，遇到不會解答的問題了，一會兒想著上網查資料，一會兒想著要去問問爸爸，一會兒又要留著明天問老師。本來是一個小問題，猶猶豫豫，拖拖拉拉的半天還沒想清楚自己到底應該怎麼辦，白白的浪費了時間。考試成績不理想了，一會兒下定決心要好好努力，爭取下次取得好成績，一會兒又自怨自艾地想著自己不行該怎麼辦？

碰到這樣的狀況，你一定會很生氣。遇到困難，最好的方法是想辦法解決，而有的孩子卻猶豫，考慮了很長時間還沒有下定決心，這樣的行為明顯是一種缺乏主見的表現。

孩子沒有主見，這是一個很嚴重的問題。孩子長大以後，無論從事什麼職業，不管是成為領導者、企業家、管理員，還是一個平凡工人，多多少少都有一些事情需要自己決斷、拿定主意，才能開始執行。決斷和拿定主意的過程，就是一個人是否有主見的過程。有主見的人在一個團隊、群體或家庭中，很容易形成核心人物、核心力量，做出成功決策的機會也會更多。

但是奇怪的是現在很多孩子都沒有主見，遇事優柔寡斷，在做選擇的時候猶豫不決，需要很長時間才能做出決定。且不說我們要在困難面前有主見、有擔當，即使是在日常的生活中，有主見的孩子會比做事猶豫的孩子更能贏得社會的青睞。

好習慣是累積的，壞習慣也是一點一點的養成的，而且能從平時的生活中發現源頭。

有的孩子沒有形成自己的價值觀，沒有自己的想法，喜歡模仿，喜歡盲從，等到別人有不同的做法時，才發現：「哦，原來也可以這樣做啊！」

有的孩子之所以沒有主見，和父母的包辦代替是分不開的。本來父母對孩子來說就是一種權威的象徵，而且為了保持這種權威，父母們也常常會使用一些發號施令的辭彙，所以容易造成孩子唯命是從，不想做出選擇甚至不敢做出違背父母意願的事。

還有些父母因為工作忙，和孩子之間缺乏必要的溝通，不能理解孩子，常常在孩子做選擇、發表看法的時候直接打斷孩子的話語，這樣往往會造成孩子的畏懼心理，不敢說、不想做。

誠然，聽話的孩子會讓我們省心不少，而且不用操心他會在外面和別的小朋友發生衝突。但是做事沒有主見，做什麼事情都猶猶豫豫，對什麼事情都不發表自己的意見，或很難做決定，就不是一

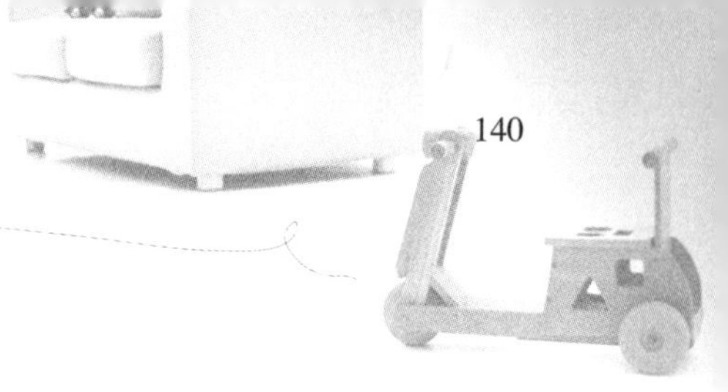



種好現象了，這對孩子日後個性的健康發展是不利的。

這樣沒主見的孩子，在遇到困難的時候，更容易被困難打倒。因為沒有主見，意味著孩子沒有自己的想法，沒有自己的想法，意味著孩子沒有能力解決這樣的問題。而且有的時候沒有主見意味著孩子在潛意識裡懼怕困難，不敢面對困難，所以，一個沒有主見的孩子是不可能戰勝困難的。

既然我們知道沒有主見，做事優柔寡斷對孩子解決問題不利，那麼怎樣讓孩子做事有主見呢？

## 建議一：靜下心來，讓孩子自己做決定

孩子沒有主見，做父母的一定要反思自己平時的言行。不管是因為我們太忙，還是因為我們經常代替孩子做決定，甚至是因為我們太過於「權威」，這些原因都是父母們應該檢討的。所以，我們要靜下心來，給孩子多留一些時間和一些空間，讓孩子自己來做決定和發表自己的看法。

如果孩子在上學前猶豫到底要穿什麼顏色的衣服，不要忙著責怪孩子耽誤時間。

「今天是穿紅色的還是白色的？」

「我不知道，兩個都好。」

「你只能穿一件，但既然都喜歡，那就要看看今天穿什麼衣服會不方便。」

「今天有體育課，還是穿紅色的好了，白色的容易髒。」

其實，這也花不了多長的時間，而效果遠比替孩子做決定更好。優柔寡斷的孩子要嘛是因為想太

多，要嘛是什麼也不想，這個時候，父母就有必要給孩子指出一個方向，引導孩子思考，做出自己的決定。

耐心地引導孩子自己做決定，鼓勵孩子自由的表達自己的看法，既表現了父母對孩子的關愛，同時也能有效地培養孩子的自主性。而一個有自主性的孩子在面對挫折的時候，即使不能立刻解決問題，最起碼他不會懼怕挫折，而這正是我們在面臨挫折時的正確態度。

## 建議二：樹立孩子的自信心

要讓孩子有主見，能夠說出自己的看法，最主要的是讓孩子相信自己的判斷力，相信自己的選擇是正確的。孩子沒自信，不相信自己的判斷力，父母怎麼能要求他有主見呢？

這裡有個問題需要強調一下，那就是必須破除孩子對權威的迷信。破除權威的最好辦法是讓孩子勇於說不。我們可以一起和孩子玩「說不」的遊戲，父母有意出錯並讓孩子指出錯誤的地方。比如，父母說：「桌子、椅子、床頭櫃、毛巾都是可以用的東西，都是家具。」孩子說：「不對，毛巾是可以用的東西，但不是家具。」告訴孩子，無論大人還是孩子，都有可能出錯。孩子意識到這一點，就不會盲從別人、模仿別人了。

這是一個非常有效的方法。當孩子意識到即使是父母也會犯錯誤的時候，孩子就會克服因為自己做決定而導致失敗的恐懼。克服了自己的心理陰影之後，孩子就可以放心地做出決定，而不會害怕

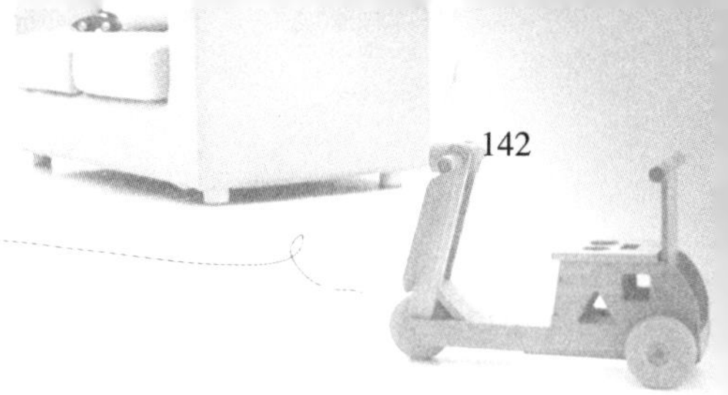

做錯決定了。

## 建議三：允許孩子做他自己

父母常常是站在成人的角度來批評孩子，「孩子不應該這樣……」，「孩子這樣做事錯了」，「孩子應該這樣做」等等。這樣做會打消孩子的積極性，孩子好不容易建立起來的自主意識，也許就這麼輕易地被打消掉了。

我們應該明白，孩子的世界和成年人的世界有很大的區別，大人理解不了孩子為什麼「邊吃邊玩」，為什麼那麼喜歡玩；小孩子也理解不了大人為什麼那麼忙，為什麼陪自己的時間那麼少，為什麼自己喜歡的，大人會不同意。因此孩子會經常想，是自己不重要嗎？是自己不夠好嗎？是自己不值得嗎？

孩子很難理解大人的成人世界，但是大人可以透過學習、觀察來理解孩子，如果看到這些客觀上的不同，那麼我們能不能就讓孩子做那個需要大人操心和陪伴的孩子？

儘管孩子是我們生下的，但孩子還是有很多不同於我們的地方，包括他的性格、喜好、習慣等，我們允許孩子按照他的需要和興趣來做他自己嗎？如果孩子的興趣和我們大相徑庭，我們能夠放下對孩子的期待而去為他的興趣買單嗎？如果孩子的性格不是我們欣賞的，我們能夠尊重這就是他的性格嗎？

隨著孩子的長大，他會越來越有自己的見解。由於成長背景、成長經歷、價值歸屬等諸多方面的巨大差異，孩子的見解很可能和我們不同。我們如何對待這些不同呢？如果孩子不同的見解不被允許，孩子的「主見性」從何而來呢？

要知道孩子要穿什麼，要吃什麼，對某件事有怎樣的看法這是孩子成長的表現。讓孩子做他自己想做的事情，讓孩子說出自己內心的所思所想，這也是我們對孩子的一種尊重。

晚上看電視的時候，女兒告訴我，她再也不要和小琳一起玩了，問她為什麼，女兒說小琳一直嘲笑她，她覺得和小琳在一起很不開心。我只是笑著點頭說：「好啊！妳自己做決定就好。」這並不是不關心孩子，只是孩子已經表達出自己內心最真實的想法，我們就不要再用我們認可的想法要求孩子做出改變。

只要注意在日常生活中引導孩子，讓孩子在每一件事面前說出自己的看法，當孩子面對挫折的時候才不會優柔寡斷。

## 建議四：讓孩子勇於嘗試

缺乏主見的孩子在困難面前最大的缺點是缺乏行動力。他們用一個又一個的「方法」、「想法」，為自己的「不行動」找藉口，說的簡單一點，就是不敢採取行動。這時候父母就要鼓勵孩子，讓孩子勇於嘗試，勇於驗證自己的想法。

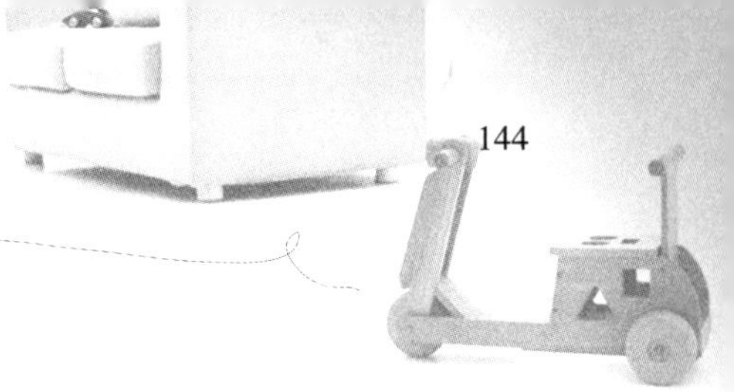

孩子做功課遇到難題了，不是想著上網查資料，就是想著要去問問爸爸，或者留著明天問老師。父母不要想著一定要讓孩子在這三個方法之間選擇一個方法，可以讓孩子把他所能想到的方法都嘗試一下。即使這樣做比較浪費時間，但當孩子把他所想的方法都嘗試一下，就會判斷出哪種方法最省時，哪種方法最有利於弄懂不會的問題。以後再面對類似的問題時，孩子就可以很快地做出選擇，避免做事猶豫不決。

生活並不是一張白紙，遇到困難是不可避免的，當孩子遇到困難時，父母要進行正確、有效、細緻的引導，使孩子逐漸形成獨立的個性，變得越來越有主見，讓孩子驕傲地說出：「這是我的看法！」

當孩子能夠在困難面前堅定地說出這句話時，就表明孩子已經啟動大腦，積極地思考，而這正是父母需要培養孩子養成的良好習慣。

### 教子箴言

1. 孩子不是一開始就喜歡依賴，而是自己在後天培養起來的惰性。如果一直是父母在代替孩子做決定，我們怎麼能要求孩子會有主見呢？
2. 讓孩子相信自己，讓孩子做自己，這是讓孩子變得有主見的不二法門。
3. 適當的時候，父母還是要給孩子一些建議，不要讓孩子偏離正常的軌道。
4. 在困難面前，有主見的孩子常常能夠很快地解決問題。

## 第四節

# 我也很棒——讓有性格缺陷的孩子戰勝困難

應該使每個人懂得，在社會面前，他的責任和對社會最重要的義務，就是教育自己的孩子。孩子的首席教育者、第一任教師，就是母親和父親。

——蘇霍姆林斯基

濤濤是性格方面有著缺陷的內向孩子，因為他呆頭呆腦，什麼也不會，和他同年齡的孩子都不喜歡和他在一起玩。濤濤說話的時候面紅耳赤，結結巴巴，每次考試總是倒數幾名，老師也不想讓他回答問題，因為他總是低頭不語或者回答得讓人啼笑皆非。

漸漸地，濤濤也不願意和別人說話了，在路上見到鄰居、熟人，每次都是落荒而逃。經常會有別的父母或鄰居當著他父母的面說他老實，甚至說他性格孤僻，曾經還有一個孩子的媽媽問他：「孩子怎麼一個人玩啊！沒有朋友嗎？」為此，濤濤的父母很焦慮。

這並不是一個個案，因為在現實生活中，有些孩子在性格上的確有著明顯的缺陷，或急躁、或固執、或偏執。這些缺陷並不是什麼大毛病，可是一旦這些孩子遭遇到挫折，他們的抗挫能力往往低於性格正常的孩子。這些小缺陷往往會成為孩子的致命傷，一旦孩子不能戰勝挫折，失敗的陰影會被無限地誇大，即使孩子能夠戰勝自己，也要花費更多的時間和精力。

而且有性格缺陷的孩子在平時的生活和學習中並不會得到肯定和鼓勵，他們接收的經常是一些指責和批評的負面資訊，因而這些孩子更需要相信自己。這種自信不僅需要來自於父母的鼓勵和幫助，更需要孩子相信自己，認為自己也很棒。

## 建議一：父母不要把自己的在意，表現在孩子面前

性格上有缺陷的孩子相較於性格健康的孩子來說，他們會比較敏感，很在意別人的言行，並按照自己的理解來解釋。所以父母千萬不要在孩子的面前表現自己的在意，最起碼不能讓孩子感覺到。本來孩子就不願意說話，不願意表現自己，如果父母也很在意這一點，並且把自己的在意和不滿表現出來，這會對孩子幼小的心靈造成傷害。

當父母帶著孩子和友人打招呼，孩子卻怯生生地躲在父母的背後，大多數的父母會在孩子面前向友人道歉：「這孩子太害羞，見人都不說話，請別在意。」聽到這樣的話，孩子會更加痛恨自己的缺點，會覺得父母不喜歡自己，自己給父母丟臉了，越是這樣想，孩子越不願意說話。

有的孩子比較偏執，父母一而再、再而三的對他說「你這樣做是不行的」，可是孩子根本不聽，

於是父母就更加嚴厲的指責孩子，越這樣，偏執的孩子越是和父母作對。

因此，當孩子還想逃避，不想說話時，不妨先「冷淡」孩子一下，當鄰居跟你說：「看看你兒子，怎麼這麼自閉？」不要理會，裝作沒聽到。當孩子不搭理你時，不要馬上就責罵孩子，而是給孩子一個緩衝的時間，讓孩子慢慢地調理自己的情緒。

其實，這也是對孩子的一種變相的鼓勵，是對孩子的一種肯定。孩子只有感受到父母的體貼，才有可能從父母的身後走出來。

## 建議二：不要強迫孩子做自己不願意做的事

我曾經在超級市場看到這樣一個場景：一位媽媽大聲的對自己的孩子呵斥道：「你到底還要不要這個玩具？說話啊！」媽媽的手緊緊的拉扯著孩子，孩子低著頭，一副快要哭出來的表情。媽媽更生氣地說：「你現在怎麼這麼自閉啊！」

孩子不願意說話，性格方面有著缺陷，父母的責任是不可推卸的。父母不但不想辦法解決，反而強迫孩子做出選擇，責怪孩子，這對孩子來說是不公平的。

所以，當孩子不願意表達的時候，父母一定不要強迫孩子，尤其不要在氣頭上強迫孩子。超市人多，環境嘈雜，性格方面有著缺陷的孩子在這種環境中會覺得沒有安全感，更加懼怕在這種環境下說話。

也許在我們的眼裡，讓孩子挑選自己喜歡的玩具是一件小事，但對內向怕羞的孩子來說，這就是一個巨大的挑戰了。

好好與孩子溝通，讓孩子放鬆下來後再讓他做出選擇，孩子就會配合。或者在來超市之前，告訴孩子接下來要做什麼，要到哪，讓孩子做好心理準備，一定比大聲呵斥更有效果。

用在其他性格有缺陷的孩子身上，這個方法同樣適用，因為不強迫孩子，孩子便不會有那麼強烈的抵觸情緒，這時候父母再採取行動，或者是讓孩子接受和認可某種建議要比強迫孩子、命令孩子接受父母的指派要見效的多。

## 建議三：鼓勵孩子多與人接觸交往，尤其是與同年齡的夥伴多交往

人際交往是孩子必不可少的心理需要，對於維護孩子的心理健康和塑造健全的人格具有重要的作用。對性格方面有著缺陷的孩子來說，父母更要給孩子創造機會，鼓勵他多與別人交往，尤其是與同年齡的夥伴交往。只有多給孩子提供各種交往和鍛鍊的機會，才能讓孩子在鍛鍊中獲得經驗，順利成長。

有一點需要注意的是，要邀請孩子的夥伴到家裡來玩，不要強迫孩子到夥伴家去玩。性格方面有缺陷的孩子會更加不適應環境的變化，在自己熟悉的環境裡，孩子也不一定能夠和他的小夥伴玩在一起，如果換成一個完全陌生的環境，孩子就更不會輕易地與人交往了。不僅如此，有可能還會有

相反的效果。

在邀請孩子的夥伴來家玩的時候，可以選擇年齡小一點的夥伴，這樣，性格方面有缺陷的孩子就會有機會成為哥哥或姐姐，會感到自己比更小的孩子優越，並樂意幫助他們解決困難。由於精神上放鬆，孩子不再怕別人會挑剔自己，在與同齡人遊戲或與成年人遊戲中不敢顯露的許多交往技巧，他們這時都可以用上。一旦孩子覺得有成就感，那麼他就會主動敞開心扉，表現自己。

另外，可以把孩子帶到公共場合，讓他有機會接觸各式各樣的人，比如可以帶孩子到遊樂園玩，因為遊樂園是孩子最喜歡的地方之一。遊樂園內各式各樣的遊戲也會最大程度地激發孩子的主動性。所以，當孩子不敢大聲說話時，不妨帶孩子到這種輕鬆的環境中。孩子玩得最開心、最盡興時，他的心理障礙就會被遊戲時的喜悅所衝垮，他會無拘無束地大喊大叫，這時候引導孩子大膽講話則是一個大好的時機。

專家建議，可以讓性格方面有缺陷的孩子代接電話，會使孩子在不需要面對面的情況下和陌生人打交道。這樣做，一方面可以使孩子不會感到緊張，另一方面可以訓練孩子說話，讓孩子學會與人相處，逐步克服自身的缺陷，走出以自我為中心的心理侷限。

## 建議四：多讓孩子從活動中找到自信

對性格方面存在缺陷的孩子來說，如果父母能夠經常帶他多參加一些公益活動或有趣的課外活動，同樣是個非常有效的辦法。不僅能夠開闊他的視野，也能讓他在活動中找回自信並學會與人交往。

安福最大的問題就是不善與人交流，缺乏自信。他的父母為了改變這種現狀，每逢週末都會帶他到鄉下的外婆家小住。在鄉下，他會幫助外婆家做各種農事，並不時得到外公、外婆和父母的誇獎。在那裡，他不僅學會了種玉米、種豆，還經常跟鄉下的小朋友打成一片，相處極好。後來，父母又趁閒暇時間帶他參加一些公益活動，與別人一起去做義工。在與他人的交往中，安福逐步獲得了自信，最終在性格方面發生了翻天覆地的變化。

很多時候，孩子之所以自卑，主要是因為他獲得的成功和表揚太少。而造成這個原因的最大因素就是沒有找到真正適合自己發展的方面。試想，一個天才放在不恰當的位置很有可能成為蠢才，更何況是涉世未深的孩子被放錯了位置。

所以，做為父母，要想改變這種情況，就應關心孩子擅長的方面，在誇讚的同時加以引導，使孩子在內心深處真正地接受和認可自己，並逐步具備挑戰各種困境和挫折的心態和能力。

## 教子箴言

1. 父母要耐心傾聽孩子的想法，深入孩子的內心，要讓孩子知道，不管他性格如何，父母都愛他，並且對他來說，父母永遠都是可以絕對信賴的。
2. 父母可以適當地為孩子出謀劃策，讓他學會以恰當的方式來應對周圍的環境。
3. 切忌強迫孩子與人交往，那樣會適得其反，使孩子更加不願意與人溝通。
4. 對性格有缺陷的孩子來說，父母要多點耐心，少點施壓，幫助孩子輕輕鬆鬆度過難關。

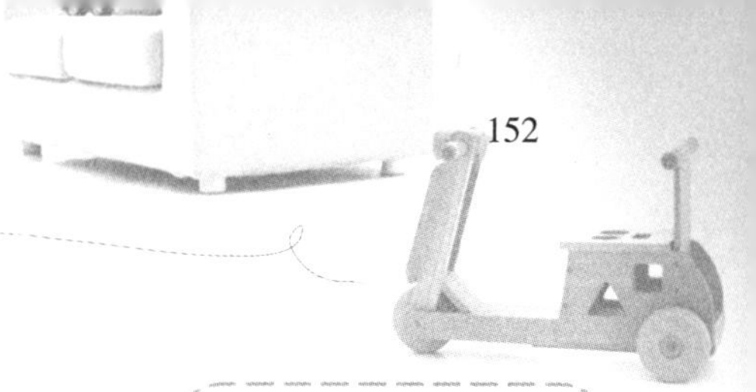

# 第五節 靠自己去成功——讓依賴的孩子獨立些

即使是孩子，也有一個人格，也是一個獨立的人，這個前提必須明確，孩子絕不是父母的所有物，他的人格是構成社會的組成部分之一，這一個人格必須用充沛的愛來培養。

——池田大作

女兒要參加舞蹈選拔賽，我是要跟著去照顧她的，為了這場比賽，我還特意請了半天假。先生還笑我說：「看妳比孩子還重視，不就是一場比賽嘛！她之前已經參加過幾次了，這次就別跟著了，讓她獨立一點有什麼不好？」我對先生滿不在意的態度感到特別生氣：「會一樣嗎？這麼大型的比賽，我怎麼能不陪著女兒？」

可是到了出門的時候，家裡臨時有事，不能陪在女兒身邊了。我心裡正糾結，女兒卻滿不在乎的對我說：「媽媽，我自己去就好了。」

我依舊不放心地對她千叮嚀萬囑咐：「不要緊張啊！」、「不要怯場啊！」、「記得要喝水啊！」女兒點點頭，輕鬆地走出了家門。

當女兒的身影消失的時候，我頓時覺得自己心裡空蕩蕩的。比賽的地方可是離家很遠的，坐車也不是很方便，路上不會出什麼事吧！她自己一個人能不能找到地方啊！

自己的事情沒做一會兒，我又開始擔心了：女兒到了嗎？比賽開始了沒有？她是第幾個上場的啊？表現好不好啊？這些問題充斥著我的腦子，搞得我一個頭兩個大。

我只好暗示自己，不要擔心，專心做事。好不容易投入到工作中，等我忙完手頭的事情，一抬頭，天都要黑了。

我心中一急，女兒怎麼還沒有回來啊！

等到先生都下班了，還是沒有女兒的影子，我實在忍不住了，披上外套，就想出去找她。

先生勸說道：「別著急，再等會兒。」

正說著話，就聽見門外響起了腳步聲。女兒高興地向我跑來，眼睛裡都是自豪的光芒。她高興地說：「媽媽，我跳舞時好多人都在鼓掌，妳女兒厲害吧！」

進門後，還沒放下東西，她就嘰嘰喳喳，不停地說著自己的所見所聞，看起來又自信又自豪又滿足，還忍不住展示自己的獎品。

原來，沒有我的陪伴，女兒一樣是開心的。

原來，沒有我的陪伴，女兒一樣是可以成功的。

此時此刻，我雖然有一種「吾家有女初長成」的驕傲，但心裡還是覺得澀澀的。

不知不覺間，女兒已經長大，到了獨立的時候，而我卻還以為女兒是印象中的那個整天跟在我屁股後面的小丫頭呢！

到了該放手的時候了！

或許早一點放手，孩子就能早一點融入到群體的生活當中，並充滿自信地去面對任何困難。

忽然間明白，對孩子的愛不應該是生活中對他處處關照，讓他時刻依賴的那種，更多的應該表現在教育上，不能僅僅侷限於滿足孩子的要求，侷限於讓孩子溫馨幸福，而應該盡早讓孩子獨立自主，有獨立闖天下的生存能力。

今天的孩子長大後將面對變化更加急遽、科技發展更加迅速的社會。他們將遇到各種困難和風險，要應付各種挑戰，依靠自己去創造未來的生活。他們需要具備獨立思考、判斷、選擇、解決問題的能力，否則將難以生存和發展。

如果父母不從小放手培養孩子的獨立性，孩子將失去對環境的應變能力，失去生存的能力，將來他們如何承擔起社會與時代託付的重任？又如何適應時代的要求，在激烈的競爭中立於不敗之地？

其實，從孩子呱呱落地的那天起，他就是一個獨立完整的人，隨著年齡的增長，有許多事情需要他去嘗試。父母應該有意識地培養孩子的獨立性，幫助孩子邁好人生的第一步。

當孩子一天天地長大，我們不能一味地呵護，給他準備好一切。有時讓他適當地出去吹吹風、透透氣，也是一種很好的鍛鍊。可是父母過分的呵護，會成為孩子成長的阻力，會讓原本「我可以」的孩子，變成「我不行」的孩子。

如果我們真的愛自己的孩子，就應該給他創造一個屬於自己的生活環境。在這個環境中，他有自己獨立做事的權利，自己吃飯，自己穿衣，自己梳頭、掃地，自己動手做一切事情。給孩子一定的自由，表明我們信任和尊重孩子，孩子也會因此更加尊敬我們、愛我們。這樣不但培養了孩子獨立的性格，也讓他擁有了一顆感恩的心。

很多育兒書裡都提到，父母培養孩子的一個最重要的目標，就是讓孩子成為一個獨立的個體，當離開父母的時候，能自己獨當一面。

孩子雖然幼小，但是他們的身心存在著巨大的發展潛能，有很強的可塑性。父母如果能尊重孩子的自主性、獨立性，放手讓他自由獨立發展，那麼孩子深藏在內部的各種潛力就會獲得充分的發展。

其實，孩子原本是有獨立願望的，他對事物充滿了強烈的好奇心，渴望嘗試，喜歡探索。比如蹣跚學步的幼兒想掙脫成人的懷抱，儘管跌跌撞撞，卻表明了自己的願望；兩、三歲的小孩，隨著自我意識的萌生，獨立的願望更加強烈，什麼都想自己來。如果從這時開始，父母能因勢利導，放手鍛鍊並加以支持、鼓勵和幫助，孩子的能力就會得到良好的發展。反之，處處包辦代替，孩子的獨立願望就會漸漸消失，形成依賴心理，進而阻礙孩子身心的健康發展。

培養孩子的獨立能力，我們要學會對孩子「放手」。愛孩子是人的天性，但愛不等於對孩子的事要事事包辦，因為這樣做只會害了自己的孩子。

對於生活中的一些事情，家長完全可以放手讓孩子自己去完成。例如，家裡來了客人，家長可以有意識地讓孩子參與接待，教會孩子待人接物的規矩，而不是任由孩子在房間裡玩耍。這樣多「練習」幾次，孩子自然就學會了招待客人的方法。

再比如，孩子碰到一些學習上的問題，家長完全可以教會孩子如何與自己的老師進行交流與溝通。而在溝通過程中，孩子就學會了許多與人溝通交往的方法。

培養孩子的獨立能力，家長要學會讓孩子吃點「苦」。我們經常對孩子說自己的事情自己做，但生活中很多孩子都無法做到這一點，有的孩子甚至不會自己洗澡、洗衣。讓孩子學會吃點「苦」，可以從做家事開始，讓孩子洗洗碗筷，洗洗自己的衣服，學會自己洗澡。家長不要抱怨孩子做得不好，任何事情都是從不會到會，最重要的是在這個過程中孩子學會了自己照顧自己的方法，這種能力的獲得是最讓父母感到欣慰的。

## 教子箴言

1. 應該盡早讓孩子獨立自主，有獨立闖天下的生存能力。
2. 隨著孩子的生長發育，生活自理能力的加強，他將越來越獨立，家長應該在合適的時候放手讓孩子自己走路。
3. 每個人的生活之路都要靠自己去走，孩子的未來生活要靠他們自己去創造，父母應循序漸進，耐心引導孩子，特別是多給孩子自己去嘗試體驗的機會。

# Lesson 5

# 幸福的孩子苦著教

## ——讓孩子在人生的舞臺上熠熠生輝

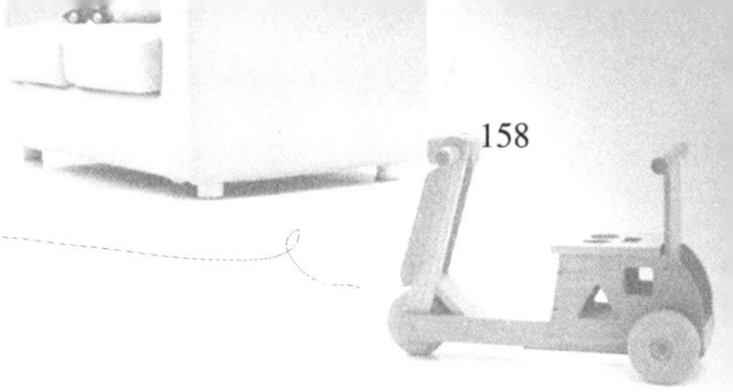

# 神奇測試：孩子的吃苦能力升級空間

1.孩子會對一件事很堅持嗎？

A.從來沒有　B.偶爾會　C.很少會　D.經常會

2.孩子會獨立完成一件事嗎？

A.從來沒有　B.偶爾會　C.很少會　D.經常會

3.孩子會與人合作嗎？

A.從來沒有　B.偶爾會　C.很少會　D.經常會

4.遇到困難，孩子會經常選擇放棄嗎？

A.從來沒有　B.偶爾會　C.很少會　D.經常會

5.遇到困難，孩子會經常想到向別人求助嗎？

A.從來沒有　B.偶爾會　C.很少會　D.經常會

6.孩子能合理安排自己的時間嗎？

A.從來沒有　B.偶爾會　C.很少會　D.經常會

7.孩子會經常覺得做什麼事都做不好嗎？

A.從來沒有　B.偶爾會　C.很少會　D.經常會

8. 孩子會經常說：「好難啊！我不行！」嗎？
A.從來沒有　B.偶爾會　C.很少會　D.經常會

9. 孩子能在生活中體會到快樂嗎？
A.從來沒有　B.偶爾會　C.很少會　D.經常會

10. 在失敗後，孩子會很快走出失敗的陰影嗎？
A.從來沒有　B.偶爾會　C.很少會　D.經常會

11. 孩子常常會覺得生活辛苦嗎？
A.從來沒有　B.偶爾會　C.很少會　D.經常會

12. 孩子會覺得自己每天都沒有玩耍的時間嗎？
A.從來沒有　B.偶爾會　C.很少會　D.經常會

13. 孩子會想要挑戰自己嗎？
A.從來沒有　B.偶爾會　C.很少會　D.經常會

14. 孩子能堅持自己的事情自己做嗎？
A.從來沒有　B.偶爾能　C.很少能　D.經常能

15. 面對批評，孩子會常常不等人說完，就打斷嗎？
A.從來沒有　B.偶爾會　C.很少會　D.經常會

16. 孩子會對任何感興趣的事情都特別有耐心嗎？

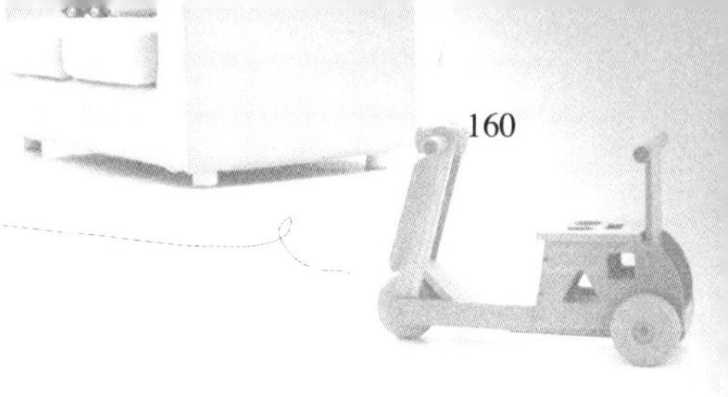

17. 暑期，孩子會打工嗎？

A.從來沒有　B.偶爾會　C.很少會　D.經常會

18. 孩子會經常依賴自己的父母嗎？

A.從來沒有　B.偶爾會　C.很少會　D.經常會

19. 孩子常常會買一些自己並不需要的東西嗎？

A.從來沒有　B.偶爾會　C.很少會　D.經常會

20. 孩子的零用錢會常常不夠用嗎？

A.從來沒有　B.偶爾會　C.很少會　D.經常會

21. 孩子是否經常耍脾氣？

A.從來沒有　B.偶爾會　C.很少會　D.經常會

22. 孩子是否總能把別人激怒？

A.從來沒有　B.偶爾會　C.很少會　D.經常會

23. 孩子是否會有恐懼的心理？

A.從來沒有　B.偶爾會　C.很少會　D.經常會

## 孩子吃苦能力升級空間測驗評分表

| 序號 | 選項 | | | | 得分 |
|---|---|---|---|---|---|
| | A | B | C | D | |
| 1 | 1 | 2 | 3 | 4 | |
| 2 | 1 | 2 | 3 | 4 | |
| 3 | 1 | 2 | 3 | 4 | |
| 4 | 4 | 3 | 2 | 1 | |
| 5 | 4 | 3 | 2 | 1 | |
| 6 | 1 | 2 | 3 | 4 | |
| 7 | 4 | 3 | 2 | 1 | |
| 8 | 1 | 2 | 3 | 4 | |
| 9 | 1 | 2 | 3 | 4 | |
| 10 | 1 | 2 | 3 | 4 | |
| 11 | 4 | 3 | 2 | 1 | |
| 12 | 4 | 3 | 2 | 1 | |
| 13 | 1 | 2 | 3 | 4 | |
| 14 | 1 | 2 | 3 | 4 | |
| 15 | 1 | 2 | 3 | 4 | |
| 16 | 1 | 2 | 3 | 4 | |
| 17 | 1 | 2 | 3 | 4 | |
| 18 | 1 | 2 | 3 | 4 | |
| 19 | 4 | 3 | 2 | 1 | |
| 20 | 4 | 3 | 2 | 1 | |
| 21 | 4 | 3 | 2 | 1 | |
| 22 | 4 | 3 | 2 | 1 | |
| 23 | 4 | 3 | 2 | 1 | |
| 總計 | | | | | |

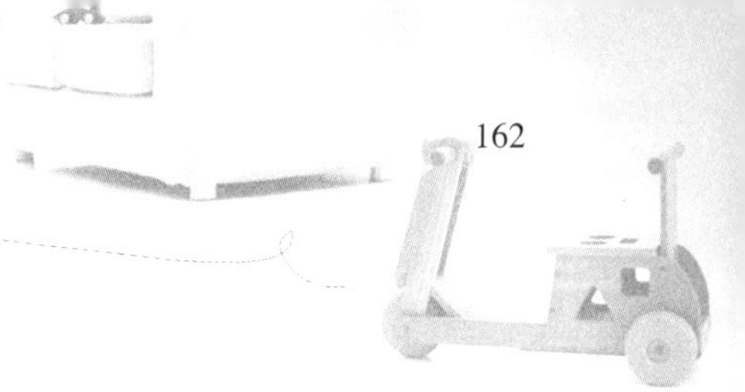

**【評價標準】**

1～22分：不得不說，你的孩子做事沒有計畫，遇事容易衝動，完全控制不了自己的情緒。現在你要做的就是調整孩子的心態，讓孩子學會吃苦，學會忍耐，學會計畫。這是一個複雜的過程，需要大量的時間和精力，但是你不得不做。

23～45分：怎麼評價你的孩子現在的狀態呢？不能說他不願意吃苦，也不能說你的孩子沒有成功的想法，只是現在的他似乎還沒有找到合適的方法，你的孩子需要你的幫助。

46～68分：處在這個分數階段的孩子，似乎也正處於不上不下的尷尬狀態。他在很多事情上都缺乏技巧，缺乏正確的方法。想要孩子成功，就要讓孩子有成功的方法，這不是光靠吃苦就能解決的。

69～92分：你的孩子在同年齡人中已經顯現出非同一般的「吃苦能力」，這是值得驕傲的。堅持下去，改掉一些小毛病，孩子的未來會更加的順暢。

# 第一節 我可以——讓遇到困難的孩子不放棄

一個人絕對不可在遇到危險的威脅時，背過身去試圖逃避。若是這樣做，只會使危險加倍。但是如果立刻面對它毫不退縮，危險便會減半。絕不要逃避任何事物，絕不！

——溫斯頓．邱吉爾

女兒前一陣子迷上了畫畫，我看她對繪畫那麼感興趣，就買了全套的繪畫工具、繪畫書籍給她。我也沒有說一定讓她成為畫家，但既然她喜歡，當然會支持一下。可是沒過幾天，問題就來了。

「媽媽，我不想畫畫了，它太難了。」第一次女兒跟我說時，我笑著說：「學什麼都不容易啊！既然妳喜歡，就要堅持下去啊！」

第二次，她又跟我說：「媽媽，畫畫老是要練習，我不想學了。」

「是啊！畫畫都要先練習，熟能生巧，練習多了，才能找到自己的感覺。」

隔天，女兒又跟我提了一次，表示要放棄畫畫。這讓我覺得有必要好好地跟她談一下。

果然，吃飯的時候女兒又提起此事。

「媽媽問妳，學畫畫是不是因為喜歡妳才學的？」

「嗯，我是很喜歡畫畫。」

「可是為什麼不想學了呢？」

「太難了，總是要重複畫同一個東西，太枯燥了。」

「知道媽媽為什麼不同意妳停止畫畫嗎？」我又問她。

「媽媽是想讓我成為畫家嗎？」女兒也疑惑。

「媽媽從來沒有想過，一定要妳成為畫家，媽媽只是覺得畫畫是妳感興趣的，輕易放棄太可惜了。而且現在問題的關鍵是妳為什麼又不想學了？」我望著女兒，「妳不想學不是因為別的原因，而是因為妳覺得難，妳想放棄，妳認為自己不行。可是，妳想想，最近妳完整地畫了一幅畫了嗎？」

女兒若有所思，我趁機告訴她：「現在我知道了，妳覺得太難的原因，是因為妳覺得總照著書上說的做，感覺沒意思，那麼妳只要按照自己的想法畫畫就好了，為什麼要放棄呢？」

我一直覺得，女兒會不會畫畫倒是其次，可是一遇到困難就放棄，這絕不是一個好的開始。孩子最主要的任務是學習，但學習不僅僅是課堂裡的學習，放學後、生活中有好多東西需要孩子學習，比如學如何穿衣，如何騎腳踏車等等。這些學習對初學者來說都不會一帆風順，肯定會遇到困難和挫折，但如果孩子一遇到困難就放棄，沒有堅持下來面對困難戰勝困難，那麼，孩子就會變成「我不行」先生。

「我不行」是一個藉口，不是真的不行，而是不願意行，不願意吃苦。

「我不行」是一種沒自信，什麼都還沒做，就已經被自己打敗。

「我不行」更是一種消極的態度，這種消極的態度不能解決任何問題，只會更讓人沉迷於失敗之中，無法自拔。

因此，當孩子遇到困難、遇到挫折時要讓孩子覺得「我可以」！

「我可以」是一種動力，鼓舞著孩子即使遇到困難，也會勇往直前。

「我可以」是一種自信，孩子會覺得沒有什麼能夠難倒自己。

「我可以」是一種積極的態度，這種態度會讓孩子覺得即使失敗，也只是一個開始，困難常常是通往新一輪成功的跳板。

可是如何讓孩子覺得「我可以」呢？

## 建議一：培養孩子對待挫折的正確態度

不管遇到什麼問題、什麼事情，首先，我們都要有一個正確的態度。當孩子遇到挫折和困難時，一定要讓孩子不要懼怕困難。如果我們一味地做懦夫去逃避，困難就會變成一座高不可攀的山峰。只有具備戰勝困難的信心，才會想著如何去克服困難。

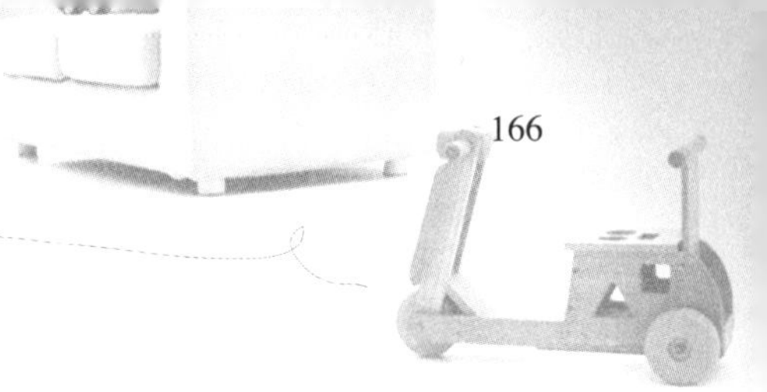



如果孩子能夠說服自己，告訴自己可以辦到某件事，假使這件事是不可能的，孩子也能辦得到，不論它有多艱難。相反的，孩子若認為連最簡單的事也無能為力，孩子就不可能辦得到，再微小的困難對孩子而言，也變得無法逾越。

孩子在面對挫折和困難時，常常會產生消極的情緒，不能以正確的態度對待挫折和困難。面對挫折，給自己找藉口，自己不相信自己的能力，這時候，父母就要即時地告訴孩子：「困難並不可怕，孩子要相信自己，你是可以的！」父母要有意識地引導孩子重新樹立自信，鼓起勇氣再次嘗試，同時，要教育孩子勇於面對困難和挫折，提高克服困難和抗挫折的能力。

在平時，多和孩子講一些關於克服困難走向成功的故事，讓孩子懂得，困難任何人都會遇到，只有戰勝困難，才能取得成功。

## 建議二：和孩子一起分析原因

好話說了一萬遍，也不如一個方法更有用。父母不能只是告訴孩子「寶貝，別怕，只要堅持，就會成功」，這種泛泛而談的話語是治標不治本的方法。坐下來，和孩子一起分析原因，多問幾個為什麼，尋找對策才是解決問題的上上籤。

孩子不願意上學，不要急於責怪，詢問一下為什麼，你會發現所有的問題都會迎刃而解。

「為什麼不願意去了呢？學校裡有好多小朋友和你一起玩，不是很好嗎？」

「作業不會寫，同學老笑話我。」

「作業為什麼不會寫呢？上課沒聽懂嗎？」

「嗯！」

「可是為什麼沒有和我說呢？」

「我以為我自己可以趕上的。」

問了這些，我們就會知道原因了，相對的，我們就知道該如何解決了。

靜下心來，多問孩子幾個為什麼，多和孩子溝通，弄明白到底是什麼原因讓孩子在困難面前想要放棄的。只有知道原因，我們才能對症下藥。

如果孩子想要放棄只是因為父母的期望太高，那麼，父母就要降低對孩子的期望，正確認識孩子的能力；如果孩子太過於依賴，遇到困難，只會向父母求助，父母所要做的就是冷落他一陣子，讓他明白不是遇到事情就要找父母的。

每一次的放棄都會有一種原因，每一種原因都有一個解決的辦法。只有知道了原因，我們才能知道怎樣才能幫助孩子。

## 建議三：不能代替孩子解決

有一類父母，常常會「主動」幫助孩子解決問題。孩子不會繫鞋帶，沒關係，父母幫他繫；孩子的勞作作業不會做，好吧！鬧著也是鬧著，那就幫孩子做就好了，讓孩子早點休息。

可是我們要明白，這樣做是不能解決問題的。

每一個人都有自己所要面對的困難，這是任何人都無法完全代替他解決的。即便是父母，我們也沒有能力幫助孩子解決所有的困難。因為孩子在成長中所遇到的困難，不會只是那麼一、兩件，我們怎麼有那麼多的精力來幫孩子解決呢？

所以，我們幫助孩子面對困難最好的方法，不是直接代替孩子解決，而是鼓勵孩子樹立克服困難的信心，教會他克服困難的方法。

或許這個困難，以孩子現有的能力是無法解決的，但我們也不能完全包辦，不讓孩子參與，我們可以引導孩子思考如何解決這一困難，但是我們不能代替孩子思考。

## 建議四：多多肯定和鼓勵孩子

這是一個很簡單的道理，遇到挫折的孩子，覺得一切都太難的孩子常常會變得沒自信，這時候，父母適時的、恰當的鼓勵會是孩子前進的動力。我們可以這樣思考一下，孩子覺得「我不行」，父母責怪，孩子就更不可能戰勝困難了；反之，孩子覺得「我不行」，父母鼓勵，孩子才會勇往直前。

很明顯，產生上述兩種不同的結果，鼓勵是至關重要的。人們常說「督子十過不如獎子一長」說的就是這個道理。

人的一生之中，總會遇到這樣或那樣的困難，遇到困難，沒有關係，只要我們永不放棄，總會有撥雲見日的一天。

困難並不可怕，因為困難就在那裡。真正可怕的是背對著困難，結果我們把心中最重要的東西讓步給了挫折。人生在世總有挫折，總有瓶頸，但你要因為挫折而偉大，因為挫折而茁壯。

我們懂得這個道理，也要讓我們的孩子明白這一點。

**教子箴言**

1. 泰戈爾說，上天完全是為了鍛鍊孩子的意志，才在道路上設下重重的障礙。只有經過地獄般的磨練，才能練就出創造天堂的力量；只有流過血的手指，才能彈奏出世間的絕唱。
2. 困難並不可怕，可怕的是一顆畏懼的心。
3. 我們要讓孩子相信「我可以」，只有自己相信自己，才會在一切艱難險阻面前，永不放棄。

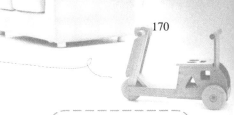

# 第二節　我願意——讓孩子積極參與競爭

孩子的學業成績固然重要，但孩子的素質培養更為重要。孩子強烈的上進心，首先來自於對遠大目標的執著追求。所以家長應幫助孩子從小樹立遠大的目標，激發孩子為了實現目標而百折不撓的上進心。

——佚名

經常和媽媽們討論這樣的話題，要不要培養孩子的競爭意識，如何培養孩子的競爭意識。有的媽媽認為，我們正處於一個競爭的社會，而且這種競爭無處不在，無時無刻都有可能來臨。為此，我們要盡早培養孩子的競爭意識，讓孩子瞭解競爭的殘酷性，讓孩子勇敢地參與競爭，才能在未來的社會中佔有一席之地。

可是，有的媽媽並不這樣認為，如果讓孩子凡事都要和別人競爭，孩子會在一直追逐別人的腳步裡越來越辛苦，有可能會失去自我，活在別人的陰影裡。

這顯然是一個見仁見智的問題，我們做父母的自然會有自己全盤的考量，我一直也認為讓孩子健康快樂的成長才是最重要的，只要孩子明白自己在做什麼，自己想要什麼，沒有必要給孩子那麼大的壓力。

不過當下流行一個辭彙叫「被競爭」，這讓我有點驚醒的感覺。被競爭，光從字面上我們就能明白這個辭彙的意識，它意味著讓孩子被迫接受競爭意識。其實，對孩子來說，他們還沒有建立起競爭的意識，就會被社會、被父母、被周圍的人捲入了競爭當中。

這種被動的、沒有目的性的競爭顯然是對孩子不利的。我們常說的一句話是，孩子主動，我被動，孩子成功；孩子被動，我主動，我成功。所以，我們不能讓孩子被動地接受競爭，應該讓孩子積極主動地參與競爭。

舉一個最簡單的例子，周圍的父母常常會讓孩子上輔導班、才藝班之類的，我們也認為讓孩子學習一技之長是不錯的選擇，所以我們也會給孩子報名才藝班。且不說會不會累著孩子，但有一點需要考慮的是孩子會不會喜歡，孩子會不會感興趣。如果孩子不喜歡，他就沒有與人競爭的意識與動力，這樣反而會適得其反。

因此，要不要競爭，競爭什麼，怎樣競爭，一定要依據孩子的意願和能力，讓孩子願意積極主動地參與競爭，這樣做才是最有效的。

如果不讓孩子參與競爭，這也是不現實的，且不說這個社會的競爭越來越激烈，我們每個人都有展示自己的意識，都希望自己是最好的，這其實也是競爭。

如果過度地在孩子面前強調競爭，不但不會增強孩子的競爭能力，反而會降低孩子的信心。這個問題也是時下的父母最會犯的錯誤。

過度地渲染競爭，不利於孩子正確地認知社會，建立與他人、社會的友善與信任，會在孩子的心裡埋下恐懼的陰影，這種恐懼感會妨礙孩子更好地融入到社會生活中，甚至會變成惡性的競爭。惡性競爭所帶來的成功並不是真正的成功，這種成功並不是孩子透過努力戰勝自己，進而也讓競爭對手服氣而獲得的。

這裡有一個小故事，很值得我們的思考。

在遼闊的非洲大草原上，當黎明的曙光剛剛劃破夜空，一隻羚羊從夢中猛然驚醒。

「快跑！」牠想，「如果慢了，就可能被獅子吃掉！」於是，起身就跑，向著太陽飛奔而去。

就在羚羊醒來的同時，一隻獅子也驚醒了。

「快跑！」牠想，「如果慢了，就可能會被餓死！」於是，起身就跑，也向著太陽飛奔而去。

一個是獸中之王，一個是食草的羚羊，實力懸殊，但面臨著的是同一個問題：為生存而競爭！

這是一個非常古老的故事，所表達的道理很簡單，要我們積極地參與競爭，因為不競爭我們就可能會失去生存的機會。

不知道我們是否發現這一點，羚羊是為了生存而競爭，獅子只是為了一頓飯而競爭，這是兩種不同程度的競爭意願，誰勝誰負，一目瞭然。

這個故事與其在告訴我們要競爭，不如說它在教育我們要有主動的、強烈的競爭意願，只有這樣，我們才會在競爭中取得成功。

只有孩子自己願意，才能在競爭中取得成功，這並不是一句空話。首先，孩子願意，才會以一種積極的態度看待每場競爭。因為競爭意味著奮鬥，意味著流汗，意味著努力，這需要非常強大的動力，可是還有什麼比「我願意」、「我喜歡」更讓孩子有堅強動力呢？而且競爭意味著有成功，也有失敗，成功了固然很好，可是失敗了怎麼辦？

當孩子在競爭中遭遇失敗，我們一定會想到要讓孩子盡快的從失敗中站起來，不管我們如何努力，如果孩子不願意去參與，我們說再多都是沒有作用的。我們不得不承認，自己願意參與競爭的孩子會比沒有參與意願的孩子，在失敗後容易重新鼓起勇氣，繼續勇往直前。

之所以這樣說，是因為擁有自我意願的孩子沒有那麼強烈的得失心。我們總是渴望在競爭中取得成功，而這種願望常常會讓我們把「第一」當作競爭的終極目的，這樣反而會讓我們更緊張，一旦緊張過頭，更會影響我們的發揮。而因為自己喜歡、自己願意的孩子會很享受與人競爭的快樂，看重在參與的過程中是否能讓自己交到新的朋友，這些比「第一」重要的多。這才是一種健康的競爭心態。

我們最擔心孩子在競爭中學會嫉妒，不能以一種正確的態度看待競爭，所以我們常常會在培養孩子競爭意識的同時，注意培養他的競爭美德。可是，我們為什麼不讓孩子自己有這樣的意願呢？

有時候我們真的有必要做一個「懶媽媽」。

不要為孩子做太多，按照孩子的意願，讓孩子積極地、主動地規劃自己的人生，面對競爭時，不是被動的承受，或者是因為壓力的脅迫，而是因為自己喜歡這樣。最簡單、最直接的理由，常常是最貼近實際的，常常會帶來最強大的動力。只要孩子在自己的舞臺上能夠體會、信任、控制自己的力量，他們就是強大的。

## 教子箴言

1. 要孩子參與競爭，一定要讓他有自己的意願。
2. 我們不能讓孩子被動地接受競爭，應該讓孩子積極主動地參與競爭。
3. 我們並不是說讓孩子一定要在人生的每次競爭中都是冠軍，我們只是希望我們的孩子能夠在競爭中獲得快樂、獲得友誼、獲得經驗。

# 第三節 我相信——讓孩子學會信任他人

人生當中最危險的一段時間是從出生到十二歲。在這段時間中還不採取摧毀種種錯誤和惡習的手段的話，它們就會發芽滋長，等以後採取手段去改的時候，它們已經是紮下了深根，以致於永遠也拔不掉了。

——斯賓塞

女兒放學回來向我描述她回來時遇到的事情。經過是這樣的：女兒在路上遇到一個阿嬤問她在什麼地方可以坐捷運，事情比較簡單，可是讓我詫異的是女兒沒有告訴她，原因竟然是女兒害怕那個阿嬤是壞人，是個欺騙小朋友的狼外婆。

我不知道女兒為什麼會有這樣的念頭，我心裡不知道是該為我的「安全教育」做的太好而高興，還是為她的不信任別人而擔心。這件事往小的地方說是女兒沒有幫助別人，下次不要這樣就好。往大的地方說就是女兒不願意相信別人，對陌生人有一種強烈的防範意識。

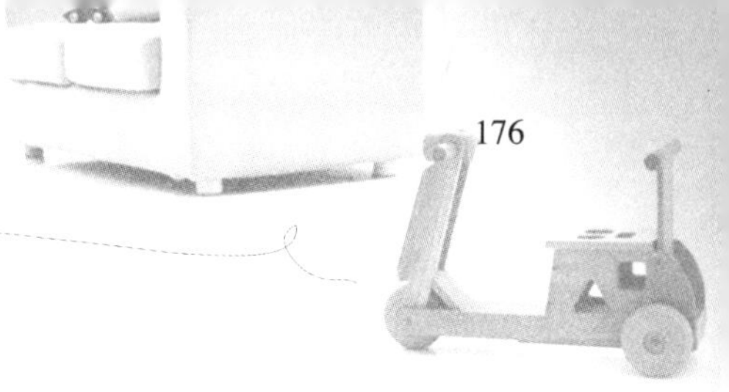

一直教育女兒，出門要注意安全，不要隨便和陌生人說話，不要隨便接受陌生人的東西，不知道是不是教的太好，女兒性格中謹慎的一面已頗有苗頭。很多事情要嘛就不在意，要嘛觀察好久，能自己做的事絕不麻煩別人，別人的事情她也不會操心，很不願意相信別人，導致的直接後果是她的朋友很少，常常都是自己一個人玩耍。

原本只是讓她注意安全，注意保護自己，沒想到女兒竟然會曲解到這種地步，以致於她形成了「獨特」的性格。

我很想長篇大論地教育女兒一番，可是女兒還沒有吃飯，就忍著脾氣，等吃完飯再說。

女兒今天沒有幫助阿嬤，她自己也覺得不開心，吃飯的時候也提不起精神，一副心事重重的樣子，像做錯事的可憐蟲。

我還沒有批評，女兒就開始反省了：「媽媽，我是不是做錯了，我應該告訴阿嬤在哪裡可以搭捷運的。」

「幫助別人不是很快樂嗎？妳當時為什麼不願意告訴那位阿嬤呢？妳想想阿嬤不知道怎麼搭捷運會有多麼著急？」我板著臉教訓她。

女兒更委屈了，飯都沒有吃，就跑進自己的房間。

我一下子就意識到了自己緊張過度，於是冷靜了下來。

看來，現在女兒是什麼都聽不進去了，但問題還是要解決。

走進女兒的房間，我提議去外面買點東西。聽說我要帶她出去逛街，女兒低落的情緒才稍稍有所回升。

我知道女兒通常都到專賣店、超級市場等明碼標價的地方，因為她覺得這類地方值得信任，不用討價還價，而且能夠保證品質。

不過今天，我決定帶她去路邊攤上看看。

「有什麼喜歡的嗎？」我說。

「媽媽，都好漂亮！」女兒開始覺得好玩了。

「買一個？」我提議。

女兒還是有點排斥，「媽媽，他們經常來賣東西嗎？會不會被騙啊？」

「我要買這個。」我剛剛發現一個手工的包包，可以用來裝一些小東西。我邊和攤位老闆討價還價，邊觀察女兒，她也一直在看我如何和攤位老闆交談，聽攤位老闆如何誇獎自己的包包有多好，我又是如何討價還價的。

回家的路上，女兒問我：「媽媽，妳怎麼會知道他不會騙妳呢？」我知道機會來了，就告訴她說：「今天，媽媽知道妳不是不願意幫助那個阿嬤，只是害怕她會騙妳，假裝問妳問題，然後把妳騙走，是不是？就像剛才，妳不是不喜歡那些商品，只是害怕老闆騙妳，拿不好的東西給妳，是不是？」

「嗯！媽媽，妳不是一直說不要隨便和陌生人說話嗎？他們有可能會是壞人啊！」

「是的，媽媽是這樣說過，可是媽媽這樣說只是讓妳有自我保護的意識，但妳今天做的有些過頭了。」我告訴女兒：「我們不能對每個人都不相信，這樣，我們會覺得很不快樂，就像妳沒有幫助阿嬤，會感到自責一樣。」

「寶貝，我們都會害怕受到欺騙，害怕受到傷害。怕欺騙、怕傷害正是因為人與人之間不能相互信任，不相信人與人之間會友好相處。」

聽到這裡，女兒似乎明白了，「媽媽，我們能回去嗎？我要買那條手鍊。」

我很高興孩子願意這麼做。我知道，現在女兒願意勇敢地表達出自己的真實感受，願意相信他人。

什麼是信任？在現代社會體系中，無論從經濟上還是社會生活上，信任已經被賦予了新的含意：對可能存在的危機或者潛在的困難依然保持正面期待，就叫信任。這也是高尚情操的表現。人世間所有的美好，常常是以信任為依託的，離開了信任，每個人都會變成一座孤島。

現代社會，出於自我保護的意識，我們越來越不願意相信別人，而把別人放置於會傷害自己的位置上，因此，在人際交往中存在的一個首要問題就是對他人難以信任。在有些人的眼中，社會複雜得就像是宇宙黑洞，孩子無法看清它的真面目；他人都是心懷叵測，不可相信的。因此，在與人交往中，疑慮重重，唯恐上當受騙。

而且，這種防範的意識也會被父母教導給自己的孩子。父母也是處於保護孩子的意願，常常教導孩子凡事要留三分心，防人之心不可無。甚至有的父母會為了讓孩子瞭解隨便和陌生人搭腔的「嚴重後果」，故意誇大，雖然達到了教育的目的，但也給孩子的內心豎起了厚厚的屏障，導致孩子不敢輕易相信別人。

可是，人都是生活在社會中的群居動物，內心都渴望著精神上的慰藉。我們每個人所渴望的關心和愛護，我們每個人所希冀的理解和友誼，我們每個人所需要的尊重和承認，都只有在他人那裡才能得到。沒有他人對自己的期待、信賴、友情與尊敬，我們就無從獲得我們所需要的安全感、幸福感和成就感，我們的存在也會失去價值和意義。

為了獲得精神上、情感上的滿足，就要擁有良好的人際關係，有自己固定交往的生活圈子。形成良好的人際關係的一個重要條件就是人與人之間要相互信任。人與人之間的信任強調的是對他人友好和善良意圖的期待，如果孩子不相信他人，別人自然也不會相信孩子，對別人猜疑的人，也難以獲得別人的信任。

其實，對別人不信任，就是對自己的不相信，不相信自己的能力，不相信自己的選擇，不相信自己的眼光。人生在世，總會遇到大大小小的問題、麻煩，需不需要別人的幫助？當然需要。可是如果不能學會信任，孩子會發現，沒有人可以幫助自己。

這裡有一個問題需要注意，我們是要讓孩子樂於相信他人，但請不要讓孩子輕易地把自己「託付」給他人。相信是懷著一種積極的心態對待熟悉的人和陌生的人，而託付很重，對別人來說這是一種責任，對自我來說則是一種全心全意的依賴。這是一件需要慎重考量的事情。

所以，即便是陌生人對孩子微笑，孩子最好也回以微笑。不要想著他是不是對自己有什麼企圖，也不要用漠不關心的姿態來對待。

教育孩子學會相信他人，孩子會發現不一樣的世界和快樂。

## 教子箴言

1. 既要讓孩子相信自己，也教會孩子相信他人，這樣，孩子才是一個完整的人。
2. 不能相信他人的人是孤獨的，是悲哀的，如果發現孩子已經有這樣的苗頭，一定要讓孩子體會到相信他人的快樂。
3. 不能相信他人，進而會不能信任這個社會，這對孩子的成長乃至人生影響都是巨大的。

# 第四節 我喜歡——讓孩子正確對待偶像

每個人都可能戴上冠冕，每個人也都會摘下冠冕；但是不努力就戴不上冠冕；不戴上冠冕，就談不到摘下冠冕。

——劉墉

現在的小孩最不「缺」的就是偶像了。

如今的臺灣處於一個偶像遍地開花的時期，各種明星層出不窮。孩子對明星的崇拜簡直讓我們費解，他們觀看自己偶像主演的每一部作品，陶醉於偶像所發的每一張專輯，他們瘋狂地購買偶像的寫真集，熟悉偶像的一切事情，從偶像的生平到偶像的感情史，再到偶像的事業史，沒有什麼事是孩子不知道的。

我們在感慨臺灣娛樂產業強大的同時，是否也應該思考一下，現在的孩子怎麼了？

我們並不是反對孩子擁有一個屬於自己的偶像。

在我們小時候，我們也有「偶像」，我們喜歡的偶像有的是文學泰斗、教學大家、科學名人，他們大都耳熟能詳，即使不刻意關心，也會得到很多關於他們的資訊。說句毫不誇張的話，他們都在自己的領域內做出撼動這個世界的事情，他們的身上閃耀著人性的光芒，是滋養我們心靈的養料。

我們喜歡的偶像有的只是我們身邊的人，我們的老師，我們的父母，或許只是鄰居家能做出很好吃食物的阿姨，他們都太過於平凡，常常會被我們遺忘，但多年之後，我們卻會在不經意間想起。

但現在的孩子大都喜歡娛樂明星。他們穿著時髦，走在時代潮流的尖端；他們能說會唱，在舞臺上自信張揚；他們或許還精通於不同的舞蹈，能夠演繹出千變萬化的神奇。孩子喜歡他們，崇拜他們，熱切地盼望著能擁有他們的一張親筆簽名，渴望著能與他們面對面的交談、擁抱。

這些都無可厚非，因為這是孩子最真摯的情感流露。

但是我們為孩子的喜歡方式而憂心。

如果我們不瞭解我們的孩子可以為了給自己喜歡的明星接機，可以在寒風中苦苦等待數個小時，我們就不會知道，原來我們的孩子會那麼有毅力，能堅持；如果我們不瞭解我們的孩子把所有的零用錢花在偶像的一張唱片上，我們就不會知道，原來我們的孩子還可以如此省吃儉用；如果我們不清楚我們的孩子可以為偶像的一場演唱會花費數千元，我們就不會知道，我們的孩子為什麼會這麼缺錢；如果不是聽到孩子興高采烈地講述自己的偶像喜歡吃什麼，喜歡什麼顏色，喜歡什麼小動物，我們就不知道，原來我們的孩子擁有這麼好的記憶力。

孩子可以為了等待一個明星，花費數小時的時間，但是父母讓他們收拾自己的房間，他們卻說沒有時間；孩子可以為了買偶像的一張唱片省吃儉用，卻對媽媽做的飯菜挑三揀四；孩子可以記住偶像喜歡什麼，無論多麼瑣碎，但是卻經常忘記課本上的內容。

怎麼辦，難道要剝奪他們的樂趣嗎？

你不是沒有斥責過，但孩子昂著頭大聲地告訴你：「我喜歡！」是的，孩子喜歡，多麼驕傲的一個理由。

喜歡偶像什麼呢？喜歡他們打扮入時，喜歡他們站在鎂光燈下萬人崇拜，喜歡他們光鮮亮麗，喜歡他們自信張揚，喜歡他們無憂無慮……

孩子這樣回答。

你對這樣的回答更加不滿意，孩子是喜歡，卻喜歡的這麼膚淺。

你必須讓孩子明白，再光鮮亮麗的人總有一天會老去，年華不在；再能歌善舞的人，也總會有別人超越的一天，因為山外有山，人外有人。

我們喜歡一個人不能只是因為他的外表，你必須讓孩子明白，他為什麼會喜歡這個人。沒有精神上的共識，不能抵達心靈深處的共鳴，喜歡一個人是不會長久的。現在的明星層出不窮，如果孩子因此經常更換他的「偶像」，那麼最好的方法是讓他明白自己到底喜歡什麼，引導孩子學習他們身上的那種精神，很多明星為了展現自己最好的一面付出了很多努力，這是值得我們學習的。

喜歡一個人可以喜歡到什麼程度？讓我們看看孩子是怎樣「追星」的。

浪費大量的時間在等待上，導致無法正常學習；花費大量的金錢在購買和偶像有關的物品上，導致「經濟拮据」，甚至「破產」；不能容忍他人對自己偶像的「誤會」，在同學間、朋友圈、網路上為自己的偶像辯護，而不管對錯。

這樣的喜歡是真正的喜歡嗎？

如果孩子喜歡偶像達到這樣一個極端，就不要硬碰硬地禁止孩子不要喜歡，因為陷入狂熱中的人總是缺乏理智的，而且叛逆的孩子是最不容易教導的。我們不能使事情變得更糟，而引發一連串無法控制的後果。

這時候就要採取「迂迴策略」，和孩子多溝通，為孩子的過分「追星」降溫，要讓孩子明白，明星也是人，褪去明星的光環，他們也會和平凡人一樣生活。

任何時候，任何時代，生命中總會有那麼一、兩個人進入我們的視線，贏得我們的喜歡。當孩子喜歡一個人時不要詫異，也不要壓制，因為這是正常的，我們所要做的就是不要讓孩子偏離軌道，不要走入極端。

之前有一則報導，講的是一個少女特別喜歡某位明星，為了能和自己的偶像有一張合照，全家人舉債讓她擁有這樣一個機會，可是結果卻不盡人意。他的父親為了這件事自殺了，在他的遺書中有這樣一句話：「她已隔絕了這個世界，只有你，才是她心靈的呼喚……」

在孩子的喜歡達到如此極端後，沒有制止孩子這種錯誤的喜歡，釀成了如此悲劇。這位父親不明白，一個遠在天邊的偶像遠不如近在咫尺的父愛更能撼動孩子的內心。雖然這件事的解決會非常困難，但我們做父母的卻不能首先放棄，把希望寄託在一個「外人」的身上，這是不理智的做法。

孩子喜歡什麼，不喜歡什麼，不是父母可以決定的。我們所能做的只是讓孩子明白為什麼喜歡，採取何種方式喜歡。不要小看這兩點，這會直接影響孩子如何正確對待自己的偶像。

**教子箴言**

1.可以視明星為偶像，但不要認為偶像一定是明星。
2.喜歡誰，不喜歡誰，是孩子的權利，父母不能一味阻止。
3.我們不能決定孩子喜歡誰，但如果孩子以一種錯誤的方式喜歡一個人，那就是我們做父母的過錯了。

# 第五節

## 沒關係——讓被揭短的孩子學會幽默的解嘲

幽默是多麼豔麗的服飾，又是何等忠誠的衛士！它永遠勝過詩人和作家的智慧；它本身就是才華，它能杜絕愚昧。

——司各特

女兒在社區公園和小朋友玩耍，不知為什麼哭著跑回來，一副受了天大委屈的樣子。我還沒有問為什麼，她哭著衝進我懷裡，抽抽噎噎地說：「媽媽，小琳說我胖，說我醜，嗚嗚……媽媽，我真的很醜嗎？」

這孩子怎麼一天都不讓我省心，出去玩都能被別的小朋友氣哭，這抗打擊能力也太差了。

其實，女兒並不胖，肉肉的很可愛，而且現在還小，正是發育的時候，當然要以營養、健康為重。可是與小琳苗條的身材相比，女兒真的可以說是胖了一點。雖然小琳也有自己不對的地方，可是她才說了一句話，女兒竟然會哭著跑回來，這孩子不會真的很在意自己胖吧？

「妳覺得自己很胖、很醜嗎？」

「才不會，爸爸說我是最可愛、最漂亮的女孩！」

「媽媽也覺得妳是最可愛的，可是為什麼小琳一說，妳就要哭呢？」

「是小琳不對，她嘲笑我！」女兒立刻不哭了，大聲辯駁道。

「小琳是有不對的地方，可是妳還沒告訴我，妳為什麼會哭著跑回來？」

「我從來不覺得自己胖，可是被小琳一說，我真的發現我比小琳胖。」女兒的情緒很低落。

「呵呵，誰跟小琳比，都會覺得自己胖，妳應該驕傲地跟小琳說：『羨慕我胖就直說嘛！幹嘛這麼委婉！』」

我剛一說完，女兒就笑了：「媽媽，妳怎麼自己誇自己啊？」

「呵呵，這不是自己誇自己，這是以幽默的方式回應。妳想想，小琳聽妳這麼說，是不是也會很開心？妳們還是可以在一起玩，而不會像現在這樣，哭著跑回來，是不是？」

世上沒有完美的孩子，每個孩子身上都會有缺點和優點，被別人讚揚，孩子肯定會很開心，可是當孩子被別人指出缺點的時候，孩子要嘛被氣哭，要嘛很生氣的和別人理論，無論哪一種都不是解決問題的好辦法。前一種會讓人覺得這個孩子很在意這件事，而且這個孩子很好欺負；後一種雙方理論到最後可能會吵起來，甚至打起來，這樣做，都會影響雙方的感情。因此，當孩子遇到這類問題的時候，做父母的一定要讓孩子學會幽默的解嘲。

幽默是一種特殊的情緒表現。它是人們適應環境的工具，是人類面臨困境時減輕精神和心理壓力的方法之一。俄國文學家契訶夫說過：「不懂得開玩笑的人，是沒有希望的人。」可見，生活中的每個人都應當學會幽默。

具有幽默感的孩子大多活潑開朗，很容易融入周圍的環境，為其他的小夥伴所接受。同時具有幽默感的孩子更容易從各種消極的情緒中擺脫出來，不會長久沉溺於各種不良情緒中而不能自拔，更不會因為他人的嘲笑而讓自己生氣。具有幽默感的孩子的另一大特點就是他能夠幽默的自嘲，能把自己的缺點放大，當作笑料，贏得開懷一笑。

尤其是孩子被揭短、被嘲笑時，如果能用幽默的語言化解，用幽默來處理煩惱與衝突，就能很好地化解心理的困惑。

那麼，怎樣培養孩子的幽默感呢？

## 建議一：父母要用幽默來點綴生活

父母是孩子最好的老師，父母的一言一行會在潛移默化中影響孩子的心態。父母如若能在生活中用幽默的語言，孩子的心態也會更加樂觀。

我在雜誌上看到這樣一則故事：有一個孩子向媽媽抱怨天一直在下雨，不能出去和小朋友玩，而媽媽卻這樣告訴孩子：「下雨了，可以讓外面的樹免費洗澡，我們也不會熱得要開冷氣，可以省下很多能源。」當時我就在想，這樣的媽媽教出來的孩子一定是積極樂觀的。

幽默感是可以淡化人的消極情緒，消除沮喪與痛苦，舒緩緊張氣氛，幫助我們更好地應對生活和學習中的壓力和痛苦，帶給自己和別人喜悅和希望。父母教會了孩子學會幽默，也就教會了孩子快樂的本領和與人相處的能力。

所以，當孩子嘗試著說出一些有趣的笑話或表演一些滑稽的動作時，父母要懂得欣賞，不要吝嗇自己的掌聲，要知道，適時的鼓勵會讓孩子更有成就感，孩子的幽默感也會得到不斷地強化。

當孩子受到嘲笑時，父母要培養孩子光明磊落的胸襟，教育孩子不要因為別人的錯誤懲罰自己。用一種詼諧幽默的語言，不僅可以轉移孩子的注意力，使孩子破涕為笑，而且可以使孩子學會幽默的語言技巧，培養良好的心態。

## 建議二：培養孩子的語言能力和想像力

如果孩子想像力欠缺，腦中儲存的辭彙貧乏，就不能充分表達自己的幽默，所以應培養孩子的語言能力和想像能力。

語言表達能力是讓孩子把自己所想像的畫面能夠用語言表達的能力，有些孩子天馬行空想很多，卻不能用自己的語言表達出來，或者只能用筆寫，嘴上卻說不出來。辭彙貧乏，語言表達能力差，肯定無法達到幽默的效果。

想像能力是思維能力的範疇。如果孩子善於發散思維，想像力豐富，那麼，他在面對難堪時，就知道該怎樣應對。

在生活中要鍛鍊孩子的想像力，要多引導孩子思考。比如，當孩子看到太陽時，你可以自然而然地問孩子，太陽像什麼？孩子也許會說太陽像足球，因為形狀都是圓的；也許孩子會說太陽像熱水袋，因為太陽和熱水袋都能給人帶來溫暖。就這樣慢慢地引導孩子，既可以鍛鍊孩子的想像力，又可以鍛鍊孩子的語言表達能力。日積月累，孩子一定會有所進步。

## 建議三：自信的孩子最不怕嘲笑

真正幽默的人，不怕嘲笑，而且非常善於自嘲，這種自嘲實際上是建立在自信的基礎之上。當被人揭短時，有自信、很在意的孩子知道要用幽默的語言化解這種尷尬。

自信首先要正視自己，自己確實有這樣的缺點，那麼這種缺點要不要改正，是不是影響了平時的生活。比如有的人非常固執，這在某一方面來說，就是一個缺點，可是這樣的人常常能夠堅持自己的夢想。這樣的缺點如果他人嘲笑，孩子自己也不會覺得難堪，因為在別人眼裡是缺點，在自己的心中卻明白自己為什麼會這樣。

其實，自信的孩子才是最不怕被揭短的孩子，才是最具有幽默感的孩子。

## 建議四：讓孩子在故事中學會幽默

講故事是孩子最喜歡的一種方式。父母可以給孩子說一說發生在身邊的有趣的、幽默的故事，以激發孩子的表達慾。當孩子發現有趣的事情，他也樂於向父母傾訴，這時候，父母就要認真的傾聽，並發出會心的微笑。

當然，一些幽默輕鬆的故事不僅會讓孩子在輕鬆愉快的氛圍中喜歡上閱讀，還可以為孩子提供幽默的經典範例。很多幽默故事都是源自於生活的，當孩子在現實生活中遇到類似的事情時，他會在第一時間做出反應，進而避免了尷尬。

我們每個人都不能讓全部的人滿意，我們每個人也會遇到被別人嘲笑、揭短的時候，這是不可避免的。孩子當然也會遇到這些，而且由於孩子的心思更為簡單，這種傷害更為明顯。所以，讓孩子學會輕鬆、幽默地應對這些難堪的時刻，不僅可以調節人際關係，而且會讓孩子更受歡迎。

### 教子箴言

1. 缺乏幽默感的人不能算是很完善的人。
2. 要想讓孩子幽默，那麼首先要讓孩子熱愛生活，因為幽默來自於生活。
3. 幽默的孩子要學會自嘲，能把自己的缺點放大，當作笑料，贏得開懷一笑。

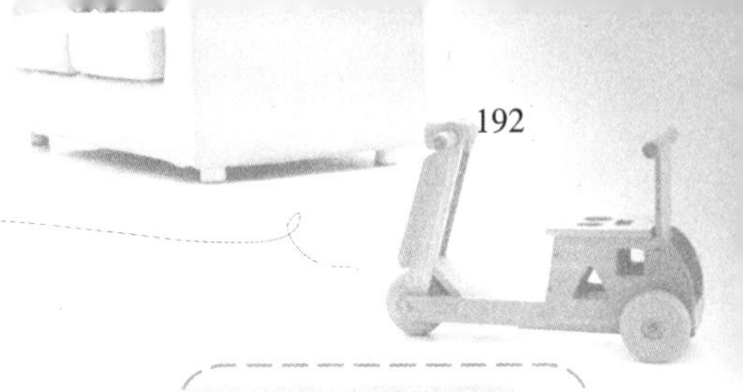

# 第六節 謝謝你——讓孩子學會感恩生命裡的那些挫折

不管一個人取得多麼值得驕傲的成績，都應該飲水思源，應該記住是自己的老師為他們的成長播下了最初的種子。

——居禮夫人

面對挫折和苦難，我們即使不會怨天尤人，但是也絕不會想到要對苦難懷有一顆感恩的心。因為苦難和挫折意味著痛苦和掙扎，但許許多多的成功人士用他們艱苦奮鬥的歷程向我們表明，成功者都會經歷苦難，經歷暴風驟雨的考驗。這些成功者在他們取得成績後，首先感謝的便是曾經帶給他們痛苦和掙扎的挫折和困難。

苦難和挫折是人生中最好的老師，是我們所擁有的一筆寶貴的財富。面對挫折，心懷感恩，才能把挫折看作是一次機遇，成功後才不會驕傲自滿，失敗時更不會一蹶不振。

而我們的孩子無疑是厭煩挫折和困難的，常常把挫折比作大山，這樣一來，一種壓迫感就迎面撲來。在這樣的心理狀態下，孩子承受著太大的壓力，並不會取得很好的成績。

所以，我們要讓孩子學會感恩。而且，生活中的一些現象也給出了這個問題的答案。

有對年輕的父母，每逢孩子過生日的時候都會為孩子大擺宴席，邀請孩子的朋友、同學來家慶祝，可是漸漸長大的孩子今年卻不領情了，嫌父母在家，朋友放不開，玩的不盡興，於是，這對父母在給孩子準備好生日宴席之後，躲在門外。裡面是孩子興高采烈地玩鬧聲，外面是這對父母的相對無語。

很多父母認為只要孩子功課好、成績好就行了，「只要你好好讀書，別的什麼事都不用你操心。」這可能是做父母的最常說的一句話了。有一位媽媽，每天在家裡為孩子做這做那，忙前忙後，「媽，我渴了，給我倒杯水！」、「媽，我要吃顆蘋果！」即使再忙，也把水果洗好，送到孩子的面前。有一天媽媽不太舒服，讓孩子倒杯水來，孩子卻不耐煩地說：「妳沒看我正忙嗎？妳自己倒吧！」

為了提高孩子的學業成績，做父母的每天下班後，都會給孩子做一頓營養可口的飯菜，然後陪孩子做功課。為此放棄了許多與朋友聚餐交流的活動和自己繼續學習深造的機會，可是孩子卻從來不懂得對父母的付出表示感激。

現在的孩子都是家裡的寶貝。教育孩子輕了，孩子不搭理，重了孩子不服氣，說不得，罵不得，打不得，犯錯誤了，父母還沒批評，孩子就開始使小性子了。該為孩子做的，做父母的都做了，可是一旦有什麼沒有做到，孩子就心生怨恨，並且把所有的責任推給父母。

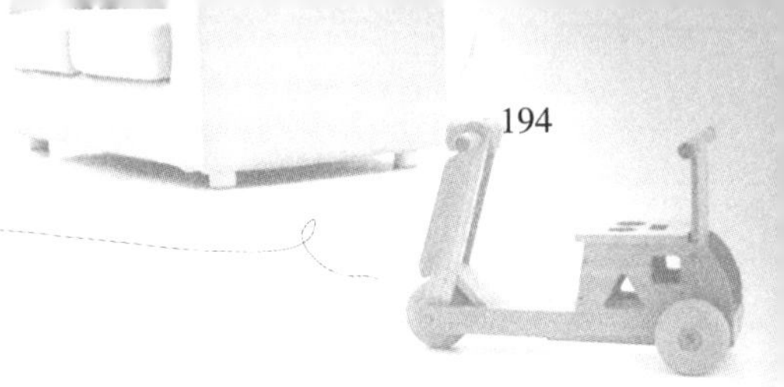

孩子不懂得感恩，不能體諒父母的苦心，就會變成一個自私冷漠的人。這並不是危言聳聽，試想一個對自己的父母都不知道感恩的孩子，你憑什麼能夠保證，這樣的孩子能夠對社會、對那些幫助過他的人產生感恩之心。

一旦孩子缺乏感恩，在遇到挫折和困難時，就不會從自身找原因，而會把自己的失敗歸咎到社會，歸咎到他人的身上，進而引發一些不良反應。

因此，對孩子進行感恩教育不僅是對孩子、對父母，甚至對社會來說都是有利的。感恩不僅是一種情感，它更是一種人生境界，懷有感恩之心才能從各個方面獲得更大的情感回報。只有懷有感恩之心的孩子，才會覺得自己有責任處理好自己的事情，孝順父母，回報社會，才會對自己所做的事情負責，才會有責任意識和獨立意識。我們要讓孩子感謝挫折，人生中有太多的苦難，正是因為這些苦難教會我們珍惜和擁有，教會我們如何做人和處事，磨練了我們的意志，增加了我們的人生歷練。

那麼，如何對孩子進行感恩教育呢？

## 建議一：不要有求必應，不要讓孩子擁有的東西來的太容易

對於孩子的要求，做父母的通常是能滿足就滿足，不能滿足也要想辦法滿足，不讓孩子受委屈。這種做法在滿足孩子的同時也助長了孩子不勞而獲的心理，當孩子還未踏入社會時，孩子想要

什麼，父母是可以給孩子什麼，但孩子一旦踏入社會，則會處處碰壁，最終產生難以承受的崩潰心理。

所以，如果真正疼愛孩子，就不能事事滿足，這只會給孩子帶來更多的人生災難。對於孩子提出的要求，父母應先考慮一下是否合理。如果不合理，則堅決拒絕；即使孩子的要求合理，也要給孩子一些承受挫折的機會。不能讓孩子事事心想事成，應該讓他自己去爭取自己需要的東西。

比如當孩子要錢去動物園玩的時候，可以讓孩子透過打掃房間換取動物園的門票。一旦孩子透過自己的努力獲得了自己所要的東西，時間長了，孩子會慢慢懂得珍惜和感激。而且，父母不要預先給孩子承諾太多，孩子想要什麼一定要讓孩子透過自己的努力獲得。否則孩子會認為這一切都很容易，甚至認為這些本來就是他所應該擁有的，進而忽略了珍惜和感恩之心。

## 建議二：給孩子回報的空間

有時候，父母要學會向孩子「索取」，給孩子一個回報的空間和機會，往往會有意想不到的效果。

父母用行動表示自己的愛，也要反問孩子一句，你愛爸爸媽媽嗎？如果愛的話，就應該向爸爸媽媽學習，用同樣的方式表達自己對父母的愛。這並不是要求孩子一定要等價報答父母的恩情。我們只是要透過這種方式，讓孩子明白他並不是家裡的全部，他在享受愛的同時，也要向家人奉獻自己的愛。

媽媽幫孩子洗水果，孩子在自己吃的同時也給媽媽遞一顆，他喜歡的東西，父母也會喜歡，父母可以為孩子做的，孩子也應該想著父母。

你的孩子為你洗過腳嗎？為你做過飯嗎？為你拿過包包嗎？給孩子一個機會，當孩子想幫助你的時候，不要因為擔心耽誤孩子的學業而拒絕，孩子不僅僅要從書本上學習，還要從生活中學習，只有這樣，孩子才能達到真正的心智健全。

總之，父母在教育自己的孩子時，要讓孩子懂得對父母的回報是無處不在的，當孩子能夠對父母感恩，他也會養成回報他人的習慣。而且透過這種鍛鍊也增強了孩子的動手能力，這對培養孩子解決問題能力也是有益的。

## 建議三：從生活的細節裡讓孩子學會感恩

讓孩子學會感恩，應該從生活的每一個細節開始，透過日常的生活點滴，來培養孩子的感恩之心。見到長輩，要主動打招呼，主動幫助媽媽做家事，爸爸下班了主動幫爸爸拿拖鞋……這些點點滴滴的小細節是孩子最好的「老師」。父母透過這些小細節，可以讓孩子一點一滴地懂得感恩。

平時孩子給父母端杯水，給爺爺奶奶錘搥背，這就是感恩。感恩不需要他人的提醒，感恩是發自內心的，即便是一個微笑，一句感謝，一句關懷，一個眼神，這些雖然是小事情，但意義是不一樣的。

成功就是從一件件小事做起的，想要成功，就不能什麼都不做，現在讓孩子懷有一顆感恩的心做一些小事，將來孩子才可以「做大事」。

## 建議四：讓「謝謝」成為孩子的口頭禪

感恩就是對一切懷有感激之情，就是對自己的生存現狀心存感激，同時，最重要的就是要對挫折和困難懷有敬意和感激之情。因此，當孩子遇到挫折的時候，要說一聲謝謝。

有一個孩子，在人生的關鍵考試中慘敗而歸，多年之後，他依舊深深地銘記著那段充滿淚水的日子。因為，他認為正是那段黑暗無比的艱辛歲月，讓他從跌跌撞撞中走來，直至今日，成為一名愈挫愈勇的鬥士。

我們要讓孩子學著感謝挫折，學著如何從挫折中汲取經驗和教訓，為成功做準備。我們要讓孩子學著把眼淚像珍珠一樣收藏，在成功那一天釋放。我們要讓孩子學會享受苦難，學著把生活的苦酒當做佳釀一樣慢慢品嚐，不管承受多少委屈和艱辛，都要以一顆積極樂觀的心態面對世事滄桑。

挫折並不可怕，可怕的是沒有一個面對挫折的心理準備。

對孩子進行感恩教育，讓孩子學會感恩，這是父母必須給孩子上的一堂人生必修課。在生活中我們不僅要感恩父母，感恩親人，我們也要感恩曾經幫助過我們的人。心懷感恩之心的人，即使遇到

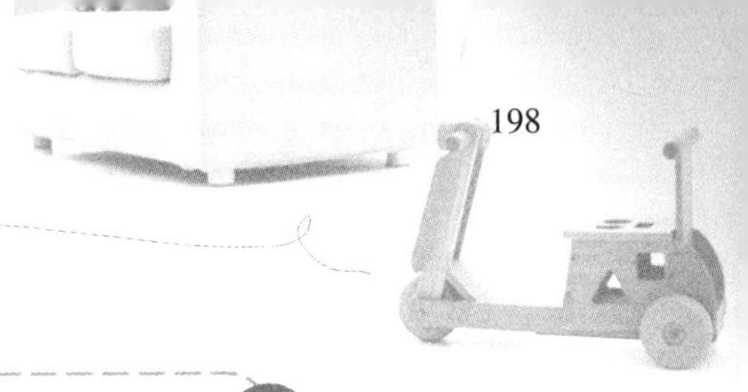

困難和挫折，也不會產生消極的情緒，把自己的不滿加諸他人的身上。懷有感恩之心的孩子，不會以自我為中心，心裡只想著自己，而是會體諒他人，贏得他人的喜愛。

## 教子箴言

1. 感恩之心是一切道德的起源，孩子幼小，這種感恩之心不是憑藉簡單的說教可以教導、培養出來的，首先父母必須要有一顆感恩的心。感恩不僅僅只是對孩子的要求。
2. 不要對孩子有求必應，適當給孩子製造一些麻煩，讓孩子透過自己的努力得到自己所需要的東西，不要讓孩子擁有的東西來的太容易。
3. 感恩教育要從生活的小事做起，而父母要有意識的對孩子進行「索取」教育。
4. 感謝挫折，讓孩子對挫折和苦難有一顆感恩的心。

# Lesson 6

# 吃苦是福

## ——全世界父母都需借鑑的範例

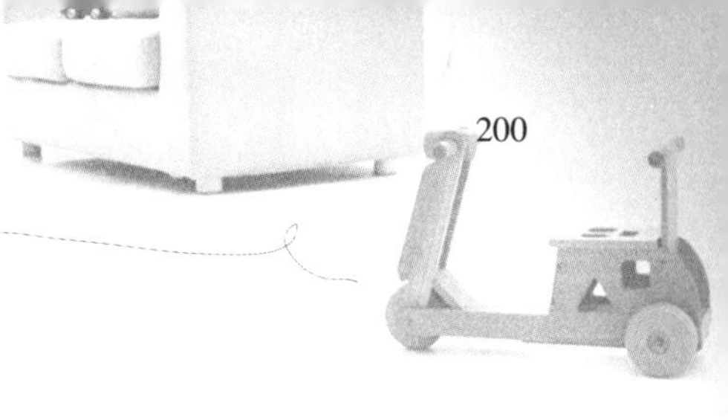

# 神奇測試：父母的教子能力指數

1.您會經常過問孩子的功課嗎？

A.經常過問。

B.偶爾過問。

C.很少過問。

D.每天陪孩子讀書。

2.如果您的孩子沒有考好，您認為原因是：

A.孩子基礎不好。

B.老師沒教好。

C.孩子不夠努力。

D.孩子的學習方法有問題。

3.在孩子的學習方面，您的看法是：

A.把孩子送入學校，就是教師的責任，家長不用管了。

B.家長不知道怎麼教育，沒辦法管。

C.家長是孩子最好的老師，我們會盡力幫助孩子。

D.家長與老師的合作非常重要，我們會積極與教師配合。

**4.您會經常和孩子的老師聯繫嗎？**

A.從來沒有。

B.偶爾會。

C.很少會。

D.經常會。

**5.您是否給孩子提供一個較好的學習環境？**

A.是。

B.不算好。

C.沒有。

D.學習環境經常改變。

**6.孩子如實彙報不太令人滿意的表現和考試成績時，您通常會怎麼做？**

A.鼓勵。

B.批評。

C.一起分析原因。

D.覺得無所謂。

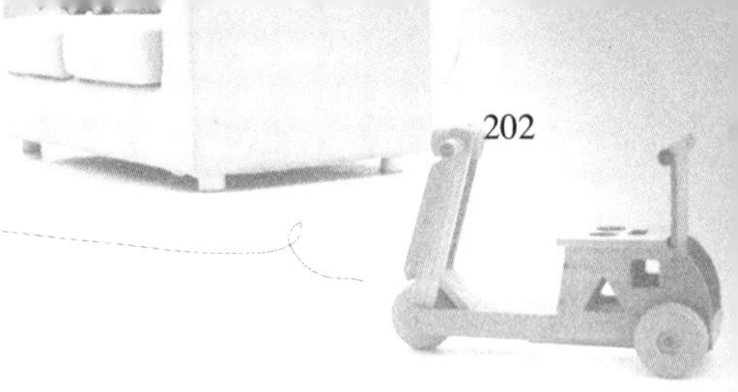



**7.在課後，您如何指導孩子完成家庭作業？**

A.親自檢查，發現錯誤或書寫不認真時即時糾正。

B.有時間就抽查。

C.工作忙，沒時間檢查。

D.委託給親戚、朋友或輔導班。

**8.您瞭解孩子的思想性格、愛好及交友情況嗎？**

A.很瞭解。

B.較瞭解。

C.瞭解一點。

D.完全不瞭解。

**9.您會讓孩子承擔能力所及的家事嗎？**

A.從來沒有。

B.偶爾會。

C.很少會。

D.經常會。

10. 您的孩子在家做家事的情況。
A. 很多。
B. 一般。
C. 很少。
D. 根本不做。

11. 您的孩子在衛生方面能做到：
A. 講究個人衛生，勤換洗，勤剪指甲。
B. 經過家長的提醒能做到講究衛生。
C. 不太講究衛生。
D. 幾乎不操心。

12. 您的孩子能做到自己打掃房間，並經常保持房間的整潔嗎？
A. 每週打掃，保持的比較好。
B. 經常打掃。
C. 自己心血來潮打掃一次，主要是家長幫忙，但能保持一段時間。
D. 從不打掃，而且不注重愛惜。

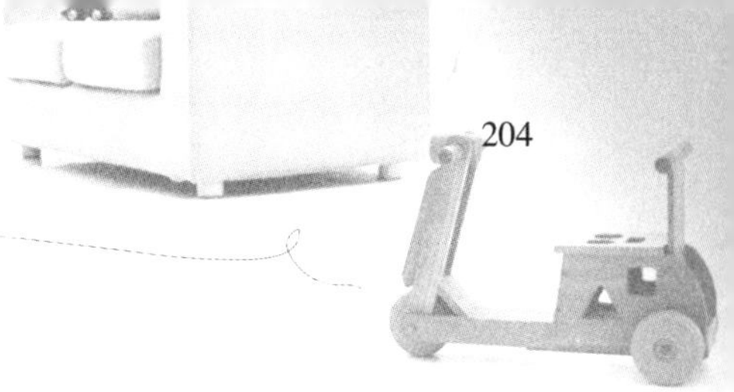

**13.平時，您是否替孩子做些事情，比如幫他整理房間、洗衣服之類的家務？**

A.是，基本上都是父母替他做。

B.偶爾。

C.很少。

D.都是孩子自己做。

**14.孩子寫作業的時候，是否需要您督促和幫助？**

A.需要督促，否則不能按時完成。

B.需要督促，還需要輔導。

C.基本不需要。

D.孩子自己獨立完成。

**15.您是否經常給孩子安排工作？**

A.從來沒有。

B.偶爾會。

C.很少會。

D.經常會。

16.孩子做作業的時候，您通常會：

A.做自己的事情，不太關心孩子的情況。

B.在孩子旁邊，可以隨時幫他提醒或輔導。

C.會注意營造安靜的氛圍，不去打擾他。

D.沒有關心過。

17.您會就孩子的作業問題經常和老師交流嗎？

A.從來沒有。

B.偶爾會。

C.很少會。

D.經常會。

18.您會經常給孩子購買書籍嗎？

A.從來沒有

B.偶爾會。

C.很少會。

D.經常會。

19.您會經常和孩子交流學校裡發生的事情嗎？

A.從來沒有。

B.偶爾會。

C.很少會。

D.經常會。

20.您會經常誇獎孩子嗎？

A.從來沒有。

B.偶爾會。

C.很少會。

D.經常會。

21.您會對孩子有過高的期待嗎？

A.從來沒有。

B.偶爾會。

C.很少會。

D.經常會。

22.您瞭解孩子的朋友嗎？
A.很瞭解。
B.比較瞭解。
C.瞭解一點。
D.完全不瞭解。

23.您會經常關心孩子的心理健康嗎？
A.從來沒有。
B.偶爾會。
C.很少會。
D.經常會。

24.您會注意培養孩子的行為習慣和做事方法嗎？
A.從來沒有。
B.偶爾會。
C.很少會。
D.經常會。

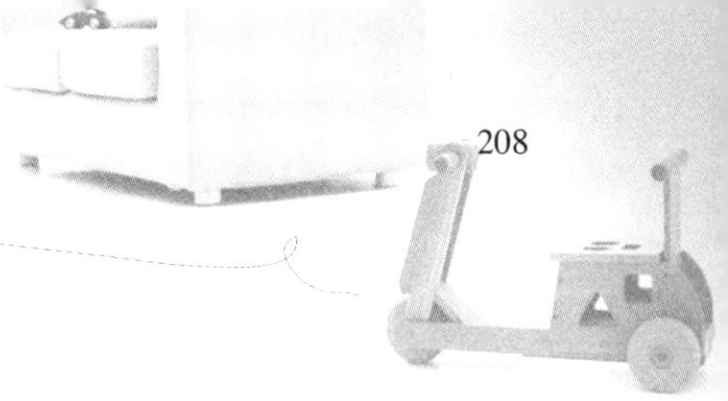

# 父母教子能力測驗評分表

| 序號 | 選項 | | | | 得分 |
| --- | --- | --- | --- | --- | --- |
| | A | B | C | D | |
| 1 | 4 | 5 | 2 | 1 | |
| 2 | 3 | 1 | 2 | 4 | |
| 3 | 1 | 2 | 3 | 4 | |
| 4 | 4 | 3 | 2 | 1 | |
| 5 | 4 | 3 | 2 | 1 | |
| 6 | 3 | 2 | 4 | 1 | |
| 7 | 4 | 3 | 2 | 1 | |
| 8 | 1 | 2 | 3 | 4 | |
| 9 | 4 | 3 | 2 | 1 | |
| 10 | 4 | 3 | 2 | 1 | |
| 11 | 4 | 3 | 2 | 1 | |
| 12 | 4 | 3 | 2 | 1 | |
| 13 | 4 | 3 | 2 | 1 | |
| 14 | 4 | 3 | 2 | 1 | |
| 15 | 1 | 2 | 3 | 4 | |
| 16 | 1 | 2 | 3 | 4 | |
| 17 | 2 | 3 | 4 | 1 | |
| 18 | 1 | 2 | 3 | 4 | |
| 19 | 1 | 2 | 3 | 4 | |
| 20 | 1 | 2 | 3 | 4 | |
| 21 | 1 | 2 | 3 | 4 | |
| 22 | 4 | 3 | 2 | 1 | |
| 23 | 4 | 3 | 2 | 1 | |
| 24 | 1 | 2 | 3 | 4 | |
| 總計 | | | | | |

## 【評價標準】

1～24分：你似乎不知道該怎樣教育孩子，你捨不得讓孩子吃苦，總是幫孩子處理好一切。你認為這是對孩子最好的，卻不知道這是錯誤的，是改變自己觀念的時候了。

25～49分：從孩子的表現，就可以看出你的教子能力。你知道包辦代替對孩子不好，可是下意識的舉動常常會破壞你的計畫。一定要提醒自己，行動才是最重要的。

50～74分：按照孩子的這個分數，正是孩子和父母最需要溝通的時候，因為孩子願意學，父母可以很好的教，但因為雙方的溝通與交流不夠，有時候不能達到預期的目的。

75～100分：這個分數，說明你的教育很有作用，你的孩子已經養成了良好的生活習慣、學習習慣，具有堅韌的習性，並且能夠付諸行動。似乎已經不再需要你了，不過，你應該為教出這樣的孩子而驕傲。

# 第一節 教無定法——韓國父母的家庭教育

「一步二步三步，好！跌倒了別哭，自己爬起來再走，好！一二一，一二一……」——父親這樣教孩子走路，朋友們說他是「開孩子們的玩笑」。父親卻回答：「老兄，這不是開玩笑，這是人生之路的第一步，將來在社會上闖蕩，全靠這第一步呀！」這位父親名叫宋嘉樹。他有三女三子，分別是聞名中外的宋藹齡、宋慶齡、宋美齡三姊妹和宋子文、宋子良、宋子安三兄弟。

韓國把教育視為立國之本，尤其強調家庭教育對孩子品德、性格的影響。韓國人普遍認為，良好的家庭教育是孩子成材的重要保證。在韓國，女子學歷越高越受長者的喜愛，而且韓國的女子婚後有了孩子，大多數會放棄自己的工作專門教育自己的孩子。由此可見，韓國的父母是多麼重視家庭教育在孩子成長中的作用，並且形成了自己獨特的家庭教育方法。

## 韓國父母的自然教育法

這種教育方法的核心是將孩子的生活、學習、遊戲都盡可能的回歸自然，讓孩子在自然的狀態中健康成長。大部分的韓國父母認為，只有讓孩子回歸自然才是對孩子的成長有益的。

因此，從小韓國的父母就讓孩子單獨睡。韓國的父母認為，孩子和父母睡在一起，父母呼出的濁氣會對孩子的健康不利，所以，父母寧願每天晚上自己麻煩點，也讓孩子自己睡，給孩子一個利於呼吸和睡眠的好氛圍。

另外，韓國的父母認為泥沙、水這些都是大自然賜予孩子的玩具，不能因為害怕孩子弄髒衣物而禁止孩子玩泥巴。現在不僅是父母允許孩子玩泥巴，父母自己也喜歡玩泥巴，他們認為玩泥巴不但可以讓孩子的心情愉快，而且對增強孩子的抵抗力也大有好處。

現在韓國的父母更是提倡母乳餵養和用布製尿布。他們認為，相較於用奶粉之類的營養品餵大的孩子，用母乳餵養的孩子更健康。並且連帶著韓國現在開始用布製尿布，媽咪們會覺得布製尿布透氣性好，更有利於孩子的健康。

而且如果孩子生病了，韓國的父母也很少給孩子用藥，不到萬不得已，父母是不會讓孩子吃藥的。他們認為這樣做不僅能夠提高孩子的免疫力，更重要的是防止由於藥物所引起的不良反應。

如果孩子不願意吃飯，韓國的父母也會順其自然，不會強迫孩子一定要吃，他們認為只要孩子的營養達到了，孩子吃多吃少並不重要。

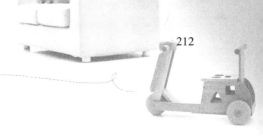

## 韓國的「獅子型」教育法

「獅子型」教育法其實就是讓孩子面對現實，從逆境中找出解決辦法的一種教育理念。韓國的父母認為越是愛孩子就越要讓孩子盡早獨立。這種教育理念來自於獅子育兒的方式：即使是百獸之王的獅子也從一開始就讓幼獅直接面對現實，只有這樣，幼獅才能在殘酷的環境中生存下來。因此，韓國的父母認為，孩子也需要如此，父母不能做孩子永遠的港灣，孩子總有一天會駛向遠方。如果父母過度保護孩子，孩子怎麼能夠承受人生道路上的風風雨雨呢？

和日本的家庭教育異曲同工的是，韓國的孩子從小就在家學做飯。孩子除了自己的事情自己做之外，還要經常幫助父母做能力所及的家事，讓孩子體驗到堅持把事情做完的喜悅。

最值得我們學習的是，韓國父母的「放手」。一個孩子在遊樂園玩雲霄飛車，雖然這是一個驚險刺激的遊戲，可是孩子的爸爸卻讓孩子獨自去玩，自己只是站在入口處等他。之所以這樣，爸爸只是想要讓孩子明白，既然你要玩這個遊戲，就要獨自面對驚險和自己的恐懼，並學會調整、解決自己的情緒問題。

這和獅子的育兒方式不謀而合。剛出生不久的幼獅經常會被公獅推到岩石下，讓幼獅從跌倒的困境中想辦法找到爬上來的路。公獅或母獅即使看見幼獅遇到困難都只是遠觀而不干涉，只在面臨生命危險時才伸出援手。牠們保持著保護的安全距離，卻不是零距離，這同樣也是種愛的距離，只有在這種距離之下，幼獅才能學會獨立。

在韓國，這樣的事例舉不勝舉。父母們都認定，採用「獅子型」教子法，最終會將孩子培養成獅子一樣堅毅、勇敢、獨立自主的人。反之，就可能會培養出一個在森林中無法生存、自保的廢物。

## 韓國的道德教育

許多專家學者研究後指出，韓國之所以能夠在二戰後迅速崛起，和韓國將道德教育視為塑造民族靈魂的重要管道不無關係。韓國深受儒家文化的影響，儒家思想在韓國的文化中佔主導地位。在這種思想的影響下，韓國的父母從小就教育孩子孝敬老人、贍養老人，這不只是侷限於要孝敬自己的長輩，而且推而廣之。

我們在看韓劇的過程中也會發現這一點，孩子見到長輩都會主動彎腰鞠躬。而且為了繼承傳統文化，韓國的父母也會讓孩子參加每一次的大型慶祝活動，讓孩子對自己國家的傳統節日銘記於心。比如韓國的四大傳統節日——春節、元宵節、端午節、中秋節，即使孩子再小，父母也會讓孩子參加，進而讓孩子感悟到傳統文化的魅力。

韓國的父母在道德教育中，非常注重培養孩子的堅韌品格。韓國電視劇《大長今》之所以受到熱捧，其原因就是長今那種面對困難時的堅韌和忍耐。韓國的父母認為一個具有堅韌品格的孩子更容易戰勝困難，走向成功。

韓國的父母也非常注重培養孩子謙讓的品德。當孩子和朋友產生衝突時，無論對錯，孩子都要想

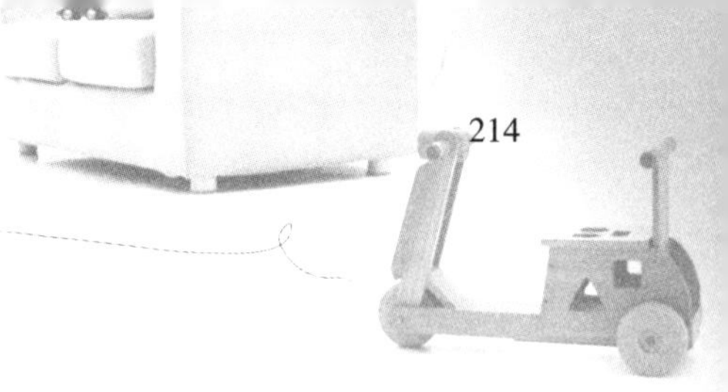

到自己的行為是否給別人帶來不便，任何時候都要謙讓。說到這裡，不得不提一下，韓國人不僅在面對長輩、上司時會鞠躬，在感謝別人、麻煩別人的時候，也會鞠躬致謝或道歉。

當然，在道德教育中，並不是一朝一夕就能讓孩子養成良好品格的。因此，韓國的父母會把道德教育滲透在日常的生活中。比如父母為了讓孩子懂得孝道、和諧、為他人著想，父母自己常常會以身作則，言傳身教。自己本身就非常尊重父母，無論多忙，都會照顧父母，幫助父母處理一些繁重的家務，而且，韓國的家庭大部分都是幾代同堂。所以，韓國的孩子也會很尊敬自己的父母。這種潛移默化的影響，比說教要有效得多。

## 韓國的審美教育

不得不說，韓國是一個非常注重美的國家。如今，韓國的影視明星對孩子的影響是巨大的，再加上整形在韓國也司空見慣，很多孩子為了美會選擇做一些手術改變自己的外貌，但由此引發的危險也讓孩子的父母擔心。所以，為了讓孩子有一個正確的審美觀，在日常生活中，韓國父母很重視引導孩子認識什麼是真正的美，什麼是健康的美。

韓國的父母會更加注意培養孩子的內在美，對孩子進行審美教育。許多韓國父母都會有針對性地用音樂、舞蹈、繪畫、文學或影視作品來薰陶孩子，並經常帶孩子到戶外感受大自然的美好和神奇，開闊孩子的眼界。

## 教子箴言

1. 一個人要進步，要善於學習別人的長處。同樣，一個父母要教育好自己的孩子，不妨學會學習別人的長處。
2. 教育孩子並沒有一定「教法」，一定要根據不同的情況，調整自己的「教法」。
3. 任何時候，都要記住，想要把自己的孩子教育成怎樣的一個人，自己首先就要在孩子面前做到。

# 第二節 紳士是這樣練成的——英國孩子的餐桌課堂

「這是絕對不行的！你們才幾歲，小小年紀就挑肥揀瘦，什麼都要舒舒服服，那長大以後會成什麼樣子呢？做人一定要先學會吃苦耐勞，將來才會有出息。」

——北宋著名理學家程顥、程頤兩兄弟幼小時，一次在飯桌上爭搶食物，母親制止後如此告誡。

沒有人不承認，英國人是世界上最有修養品味的人。這從英國人的吃、穿、住、用、行等方面也可以得到證明。

英國人為了培養出一代又一代的「紳士」，也是不遺餘力的。從英國孩子的餐桌上我們就可以感受到英國人獨有的優雅和智慧。

英國人素有把「餐桌當課堂」的傳統。這項傳統歷久不衰的原因在於，英國人認為從一個人的「吃相」上就可以判斷這個人的家教如何，性格如何。

如果一個人在餐桌上沒有禮儀，比如喝湯發出聲音，刀叉和盤子一直在「奏樂」，就會認為這個人非常不禮貌，對與這個人做朋友就會有排斥的感覺；如果一個人在餐桌上只是吃自己喜愛的菜時，這雖然沒有引起英國人對這個人的排斥，但英國人會認為這種人不容易接近，進而不會主動與他走的很近。

由此可見，英國人對「餐桌課堂」的重視。

## 鼓勵孩子自己用餐

英國父母對孩子自己用餐這件事看的非常重。在孩子一週歲左右，父母就會果斷給孩子斷奶，並給孩子準備一套適合他使用的餐具，讓孩子自己上餐桌吃飯。

大部分英國人認為，孩子長到一週歲左右，就有意願和能力自己用湯匙喝湯吃菜，這象徵著父母對孩子「人格獨立」的嚮往。做父母的不能抹煞孩子的這種嚮往，應給予積極肯定的鼓勵。

## 學習用餐禮儀

英國人對於用餐禮儀有著嚴格的規定，用餐時應該怎麼坐；刀叉在什麼時候應該怎麼放；喝湯時要注意什麼，吃魚、肉等帶刺或骨的菜餚，殘渣應該放在哪；麵包、麵條應該怎麼吃……等等。這些繁瑣的禮儀在我們這些成人眼裡也會覺得頭痛的。可是，英國的父母通常在孩子兩歲時就開始教用餐禮儀，四歲的時候孩子就能熟練地掌握用餐禮儀了。

此外，英國父母還教育孩子，用餐時，當大人沒有入座時，孩子要有禮貌地站在一旁等候；只有當大人開始吃飯時，孩子方可用餐，就連孩子的座位位置，吃飯時該說哪些話，不該說哪些話，都面面俱到。

英國人並不認為這是為難孩子，而是認為這對孩子來說是最基本的。只有讓孩子從小養成這樣的習慣，他才能一直有這樣的意識。只有讓孩子從小懂得禮貌，尊敬長者，他才會從內心深處懂得感恩。

## 杜絕偏食、挑食

在美國，父母會把孩子當作和自己平等的人，進而尊重孩子的意願。所以，在美國人的餐桌上，孩子想吃什麼或不願意吃什麼，都由孩子自己決定，父母絕不強求。即使父母認為孩子挑食不好，也不勉強孩子。

和美國家庭所不同的是，英國父母拒絕孩子偏食、挑食。

在英國父母的意識裡，孩子偏食、挑食是由父母嬌慣出來的，這樣對孩子的成長是不利的。所以當英國父母發現孩子只吃某種菜時，通常會把這道菜端走。因為這樣在餐桌上遷就孩子不僅會使孩子的營養無法均衡，而且也會造成孩子性格上的缺陷，比如任性、自私、難以親近等。

## 自己清理弄髒的桌面

孩子還小的時候，吃飯難免會弄髒桌面。當孩子用餐時不小心把桌面弄髒時，英國父母並不會幫助孩子清理，而是要求孩子自己把髒東西清理乾淨，並要求孩子因自己的不慎而造成他人的困擾而道歉。

英國父母認為這樣做至少有兩個優點：一是可以幫助孩子關心他人，學會禮貌待人；二是可以培養孩子的責任感，做錯事懂得自己承擔後果。

## 讓孩子幫忙做事

英國父母會有意引導孩子在用餐前和用餐後做一些能力所及的事情。比如在用餐前擺放餐具，扶正椅子，在用餐後收拾餐具，洗刷餐具。這樣看起來有點強人所難，但英國父母認為這樣做的好處也是顯而易見的。可以使孩子懂得勞動之後才能收穫，讓孩子養成勤動手的好習慣。

## 教育孩子養成環保意識

在英國，孩子到了五、六歲就會知道哪些是用可再生的材料製造的「環保餐具」，哪些塑膠袋可能成為污染環境的垃圾。外出郊遊時，英國父母會指導孩子自製飲料，盡量不買罐裝飲料，並注意教育孩子節約用電、用水。英國父母認為這樣做可以使孩子懂得「濫用資源即意味著對環境的傷害」。

經過這樣的教育，英國的孩子光從餐桌上就學會了獨立生活、禮貌待人、環保節能等。

這種做法當然值得我們稱道，但我們應不應該學習就有待商榷了。

我們和英國的文化傳統不一樣，在英國追求的是一種「貴族」式的「紳士」文化，用餐時嚴格做到「食不語」、「儀態端莊」。而我們吃飯講究的是熱鬧，吃飯的時候就是家人聯絡情感的時候。而且我們和英國的飲食文化也是大不相同。這樣就決定了我們不能刻意模仿英國的用餐禮儀。但我們應該學習的地方畢竟多於我們有待改正的地方。

在教育孩子的問題上，我們就應該學習英國父母的「嚴」。孩子無論多大，只要他有能力做好一件事，我們就應該要求孩子努力做好這件事情，而不能因為寵愛孩子而不忍心讓他做。

## 教子箴言

1. 從一個人的「吃相」，我們就可以判斷一個人的家教如何。
2. 習慣是一種強大的力量，讓孩子從小養成良好的生活習慣，擁有良好的品行，這會讓孩子受益終生。
3. 有什麼樣的思想，就有什麼樣的行為；有什麼樣的行為，就有什麼樣的習慣；有什麼樣的習慣，就有什麼樣的性格；有什麼樣的性格，就有什麼樣的命運。

# 第三節
## 細節決定成敗——德國孩子的家庭教育

「我先借給你，一年後還我。」

——一個12歲的小男孩不小心踢破了鄰居家的玻璃，需要賠償12.5美元。孩子向父親要錢時，父親這樣告訴他的。從此，這個小男孩每逢週末、假日便外出打工，經過半年的努力，他終於賺夠了12.5美元還給了父親。這個男孩就是後來成為美國總統的雷根。

說起認真，德國人說第一，沒有人敢說第二。

德國人在教育孩子的問題上，更是十分認真，他們非常重視家庭在塑造兒童性格中的作用，並十分注意家庭教育對孩子健康成長的影響。

德國的一位教育專家指出，如果將一個家庭在孩子身上的所有投資以「1」為計算單位，那麼父母就應將其中的50%投資在家庭教育上。

## 父母要以身作則

德國的家庭教育中非常注重父母言行對孩子的影響，並且把這一項寫入法律之中。德國的家庭教育中明確規定，家長有義務擔當教育孩子的職責。德國的父母都十分注重為孩子營造一個良好、健康的家庭氛圍，他們普遍恪守著這樣一個準則：教育孩子，必須從父母做起。

父母想要孩子養成良好的習慣，首先父母不能在孩子面前有不良的行為。比如，德國的父母教育孩子不要說謊，他們自己一定會在平時的生活中做出榜樣，為孩子營造一個誠信的氛圍。這種誠信的氛圍，不僅培養了孩子良好的道德素質，同時也規範了成人自覺遵守社會秩序。在德國，一切市內交通都沒有固定的售票員，公勤人員只是不定期的抽查，可是卻很少發生逃票的景象。

事實也正是如此。孩子接觸最多的就是自己的父母，而且還喜歡模仿父母的言行，這會直接影響到孩子行為習慣及性格的養成。如果父母是一個善於與人交談的人，那麼孩子也很有可能是一個健談的人；如果父母是一個嚴以律己的人，這種品行也會影響到孩子。

## 德國孩子的玩具觀

德國的孩子常常會親手製作自己的玩具，這是德國孩子的一個愛好。一些在常人看來是垃圾的東西，常常是孩子製作玩具的原料。而且孩子會經常到跳蚤市場上選購自己缺少的玩具零件，或許是一個汽車的輪子，或許是別在娃娃頭上的髮夾。當然，孩子也會拿著自己不想要的玩具去拍賣，用賣得的錢，購買下一個新玩具。即使是富翁家庭的孩子也不例外。

繼承玩具是德國一個不可思議的傳統。父母的玩具，甚至是父母的父母的玩具都有可能會傳承下來留給孩子。我們都知道德國製造的東西品質都非常好，這或許是玩具能夠保留下來的一個原因，但最重要的原因是要給孩子留出一份想像的空間。自己的父母親小時候玩的是什麼玩具，他們的童年是怎樣度過的。而且父母有時間也會和孩子一起回憶自己童年的生活，這十分有利於培養父母和孩子的親密關係。

另外，德國父母常常教育孩子挑選的玩具不是只給自己一個人玩的，而是可以讓朋友圍在地板上一起玩的。透過這樣的要求來培養孩子為他人著想，樂於與他人合作的品行。而且父母也會要求孩子選擇的玩具要能夠在任何場合方便使用，哪怕是在餐館、在火車上，玩具都應該是孩子消磨時間最好的玩伴。

## 愛比金錢重要

在德國，父母帶著孩子上街遇到乞丐時，會從自己的錢包裡拿出零錢，讓孩子親手遞到乞丐的手中。他們認為，不管這些乞丐是不是騙子，如果做父母的看到乞丐或窮人而不去幫助他們的話，無形中會讓孩子養成自私、冷漠的性格，這種影響對孩子的成長是不利的。

德國父母奉行的是一種「愛比金錢重要」的原則。他們認為讓孩子學會關愛、學會幫助別人不僅能夠讓孩子學會善待他人，更是讓孩子體會到愛心是凌駕於金錢之上的。

## 勞動從小開始培養

這或許是國外家庭教育中必不可缺的一個環節。德國的父母對如何培養孩子吃苦耐勞的精神更是做出了嚴格的規定。孩子幾歲可以開始做家事，做什麼家事，做好了有什麼獎勵，做不好需要受到什麼懲罰，都有詳細的規定。比如三歲的孩子要幫助大人擺放餐具，秋天的時候要和父母一起修剪草坪，負責收拾落葉。

如果是孩子自己的事情，德國的父母從來不幫助孩子，而且也不允許別人的幫忙。但父母會告訴孩子怎麼做是正確的，為什麼他的做法是錯誤的。父母一直相信，自己的事情自己做對孩子才是最好的。而且他們認為，只有透過勞動培養孩子百折不撓的性格，讓孩子經歷更多的苦難，付出更多的努力，孩子才能在未來殘酷的競爭中爭得一席之地。

## 用平等的態度對待孩子

德國的父母在面對孩子的時候，並不是把孩子當作「孩子」，而是把孩子當作一個具有獨立人格

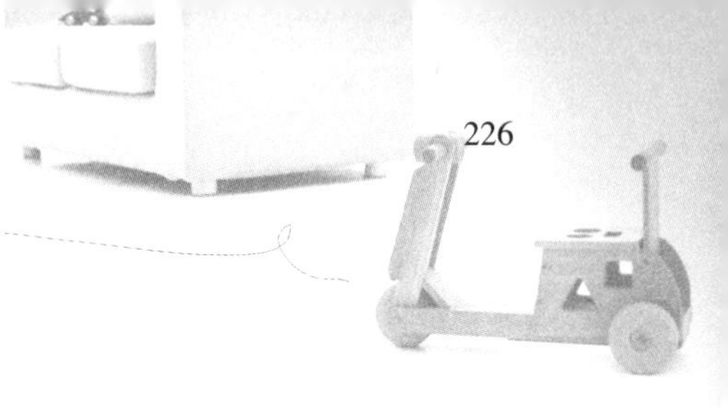

的「人」。德國的父母即使是對孩子也會使用敬語，諸如謝謝、請、非常感謝等，他們在和孩子講話時，一定會蹲下來，保持自己的眼睛和孩子的眼睛對視。

孩子犯錯了，必須讓他們明白自己錯在什麼地方，而且要求孩子一定要當面道歉。而如果是父母自己做錯了，也會向孩子道歉。

無論自己多忙，德國父母也會耐心傾聽孩子的講話，並和孩子討論，他們從不勉強孩子一定要聽從自己的意見，雖然他們很願意和孩子分享自己的經驗。

如果父母答應孩子的事情沒有按時完成，也會向孩子說明情況，請求孩子的原諒，以此讓孩子明白任何人都不能為自己不當的行為找藉口，推卸責任。

## 給孩子自己選擇的權利

德國的父母從來不會勉強自己的孩子，孩子想做什麼，喜歡什麼，只要大方向是正確的，父母通常都不會干涉。比如孩子喜歡穿什麼衣服，願意怎麼搭配都是孩子自己的事情，即使孩子打扮得不倫不類，父母也不會要求孩子換一套正常一點的衣服。

這是因為德國的父母認為孩子到了一定的年齡階段，就會有自己的想法，不應該干涉孩子的這種改變。他們常常會給孩子自己選擇的權利，這樣一方面可以讓孩子更充分的展現自己，另一方面也讓孩子懂得自己的事情要自己做主。

## 培養孩子的理財能力

孩子出生以後，德國的父母就會為孩子在銀行開一個帳戶，目的是讓孩子從小就對金錢有概念，並且方便孩子學習如何管理自己的錢財和如何有計畫的支配自己的零用錢和打工錢。

讓孩子從小就有金錢的概念，並不是說讓孩子從小就要學會如何賺錢，而是教育孩子應該怎樣理財，在德國父母的眼裡這是兩個不同的概念。會理財不僅要會賺錢，也要會花錢，這兩點對孩子來說都是非常重要的，德國父母認為只懂賺錢不懂花錢的人是不能享受幸福生活的，只懂花錢而不會賺錢的人是可恥的。孩子只有會花錢、會賺錢，才能體會到金錢帶來的樂趣。

### 教子箴言

1. 不浪費孩子的智力。當孩子咿呀學語時，就教他正確的語言，而不要把小貓說成「喵嗚」。
2. 從小培養孩子的思維能力。經常提出問題，讓孩子獨立思考解答。
3. 鍛鍊孩子的記憶力。給孩子講完故事後，要讓孩子自己組織語言，進行複述。
4. 培養提高孩子的觀察能力。有時父母故意做一些違反常規的小事，讓孩子來糾正。
5. 開闊孩子的視野。經常帶孩子參加一些社會活動，讓孩子接受新事物，增長見識。

# 第四節 再富也要窮孩子——澳大利亞的家庭教育法

「你有點口吃，正說明你聰明愛動腦，想的比說的快些罷了。」——兒子從小就口吃，可是母親說這算不了什麼缺陷，甚至還表揚他。她要求兒子一切從自信開始，努力主宰自己的命運。這個口吃的男孩就是傑克．韋爾奇，他長大後成為美國通用電氣公司董事長，被稱為「世界第一經理人」。

澳大利亞屬已開發國家，人民的生活比較富裕。雖然如此，澳大利亞的父母也不會隨便給孩子提供一種奢侈的生活環境，在對孩子的教育過程中，他們信奉的是再富也要「窮」孩子。為此，澳大利亞的父母有自己的理由：如果父母過於嬌慣自己的孩子，讓孩子在小的時候什麼事情都依賴父母，那麼孩子長大後難免會吃大虧。

所以，在澳大利亞的家庭教育中，父母更多的是扮演旁觀者、指導者的角色，讓孩子充分體驗生活的一切。

## 重視勞動教育

澳大利亞的父母非常注重孩子的勞動教育。他們認為勞動對孩子的成長有著獨特的作用。勞動可以增強孩子的獨立性，在勞動中，孩子按照自己的意願處理事情，進而使孩子的主動性、獨立性從中得到了發展；勞動可以培養孩子的合作意識，很多勞動光靠孩子一個人是無法完成的，孩子可以在勞動中感受到互相幫助的樂趣；勞動可以培養孩子的自信心，當孩子完成一件事情，他可以體驗到成功的快樂，認為自己是一個有能力的人，自信心也隨之發展出來。

所以，在平時的生活中，澳大利亞的父母會讓孩子自己整理床鋪、衣服及用具。而且父母會帶著孩子走近自然，走入社會。一方面父母會帶著孩子到農場之類的地方，讓孩子親身體驗勞動；另一方面，澳大利亞的父母會經常帶著孩子參觀超級市場、書店等工作場所，使孩子有更多的機會瞭解成人是如何工作的，進而使孩子更加珍惜勞動成果，更加熱愛勞動。

## 讓孩子接受自然的考驗

澳大利亞的父母常常掛在嘴邊的一句話是：孩子應當比大人少穿一件衣服。在澳大利亞，即使是在最冷的月份，也很少見哪一位澳大利亞的父母讓孩子穿厚厚的防寒衣服，最多的只是在裡面穿一件套衫，在外面再加一件外套。而一旦太陽出來，便將外套脫掉。

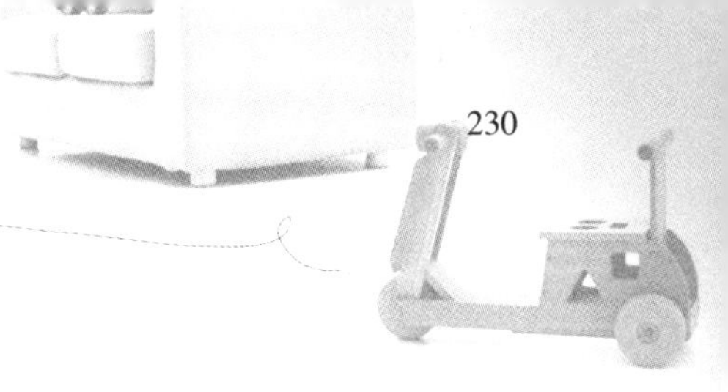

澳大利亞的父母認為，讓孩子抵抗寒冷的侵襲，不僅有利於孩子的身體健康，增強孩子的免疫力，而且能夠鍛鍊孩子的心理承受力。

澳大利亞的太陽輻射強烈，然而不可思議的是，即使是在高溫的天氣裡，也不時地可以見到澳大利亞的母親推著嬰兒車在炎炎烈日下散步，而且母親一點防曬措施也沒有做，連車上的遮陽棚也沒有撐開。

是父母不愛自己的孩子嗎？當然不是這樣的。是這些家庭用不起冷氣、暖氣嗎？當然也不是。澳大利亞的父母認為，一定要讓孩子承受自然的考驗，適應自然的氣候，只有讓孩子回歸自然，才能讓孩子健康成長。

## 讓孩子樹立節儉意識

在澳大利亞，「再富也要窮孩子」並不是一句空話。即使是富裕家庭的孩子，也不是想買什麼就買什麼，想要什麼父母就給孩子什麼，相反，澳大利亞的父母會讓孩子從小就樹立節儉的意識。

曾經看到這樣一個故事：一對夫妻帶孩子來醫院檢查，先生帶著兩歲的女兒在醫院大廳等候。過了不久，女兒吵著要喝水，父親便在身旁的自動販賣機上順手拿一個免費紙杯，到洗手間接了一杯自來水遞到孩子手裡（這裡的自來水可直接飲用）。孩子的父親當然不是買不起飲料，只是他下意識的舉動，不給孩子提供可有可無的東西。

還有一個例子：澳大利亞的學校中午不放學，午餐既可以在學校餐廳購買，也可以自帶，但大多數孩子都是從家裡自帶便當。孩子的便當通常也比較簡單，僅僅從孩子的便當上，是不能從中判斷出孩子家庭狀況如何的。

在平均收入兩萬美元之多的澳大利亞，父母能對孩子的物質生活做出如此嚴格的要求，不得不說是澳大利亞父母故意為之。他們認為讓孩子從小就有節儉的意識，不給孩子這麼優越的物質享受，是為孩子的未來著想。孩子總有一天要離開父母的懷抱，要擁有一片屬於自己的天地，與其讓孩子在將來因為從小過多的享受而沒有求生的本領，還不如讓孩子從小就「窮」著過，「窮」出直接面對人生的勇氣和本事。

而且，澳大利亞的學校也是如此，比較值得我們學習的一個例子是澳大利亞學校的課本是循環使用的，也就是孩子的課本都是從高年級的學姐、學長手裡繼承下來的。並且孩子要保護好課本，留給下一屆的學弟、學妹使用。由此可見，澳大利亞的節儉教育貫穿於孩子生活和學習的各方面。

## 不注重成績　注重孩子全面發展

澳大利亞的父母不拿孩子的成績做為評定的標準，他們並不認為孩子的成績能夠代表一切。孩子學業成績好，父母也會誇獎孩子，但孩子如果學業成績不好，父母也不會指責孩子。相反，澳大利亞的父母更注重讓孩子在體力、認知、社會性、情感上獲得全面發展。他們喜歡帶著孩子去海灘，

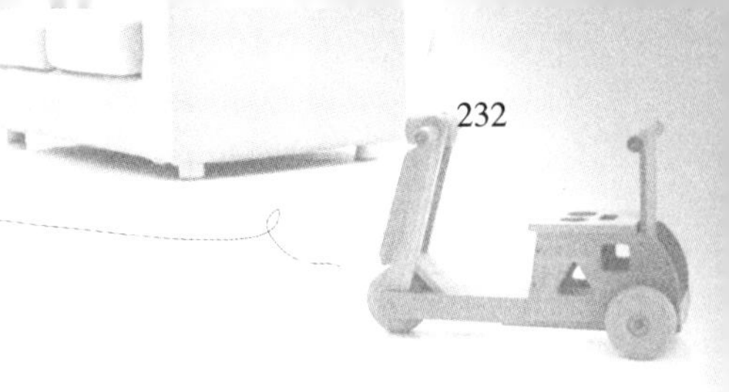

稍大一點的孩子跟著父母下海衝浪，嗆水的現象時有發生，但父母最多也只是為孩子拍拍背，便鼓勵孩子再次下海去搏擊風浪，以此來增強孩子的體力。而且澳大利亞的父母也注重在美育方面培養孩子，他們常常會指導孩子欣賞音樂、美術、舞蹈、文學藝術作品的美，開拓孩子的視野，讓孩子體會美、感悟美、創造美。

不僅如此，澳大利亞的父母更關注的不是孩子的學習能力、接受能力，而是孩子的感悟能力和創造能力。他們基本上不會跟孩子說，你應該這樣，你不應該那樣，而是給孩子留夠充足的玩耍和發揮其天性的空間。

## 培養孩子的自制力

在澳大利亞住過的人都能感受到澳大利亞孩子的自制力，這和澳大利亞父母的有意培養不無關係。澳大利亞的父母認為一個自制力強的孩子，有較強的情緒控制能力和目標導向的行動力，更容易在事業上取得成功。而且這些孩子的人際關係、婚姻關係也會更穩定。

所以，澳大利亞的父母會很注意培養孩子的自制力，家庭富裕的孩子更是如此，即使孩子能夠享受，父母也會克制孩子，讓孩子在「貧窮」的生活中成長。

再富也要窮孩子，從小就注意培養孩子的生存能力和良好的品行，會給孩子的未來奠定一個良好的基礎。

## 教子箴言

1. 即使是平凡的孩子，只要教育得法，也會成為不平凡的人。
2. 父母必須讓孩子知道，在成長的道路上，不可能是一帆風順的，成功往往是與艱難困苦、坎坷挫折相伴而來的。
3. 父母既要負責孩子身體的發育，又要負責孩子的心理發育；既要重視孩子智力的開發，又要重視孩子各方面能力的培養；既要教會孩子怎樣學會知識，又要教會孩子怎樣做人。

# 第五節 成功從家庭開始——美國人的育兒經

「為什麼一定要告訴他該用紅色呢？我認為他畫得很好，說不定他以後真的會栽培出藍色的蘋果呢！至於現在的蘋果是什麼顏色，他吃蘋果的時候自然會明白的。」

——小卡爾．威特在用藍色筆畫蘋果時，朋友勸告父親說應該告訴孩子畫蘋果要用紅色時，他父親如此回答。

前兩天看到一篇有關家庭教育的文章，介紹了美國家庭中父母教育子女健康成長的十二條基本法則，這十二條法則是：

## 第一條：歸屬法則

保證孩子在健康的家庭環境中成長。

按照我們的話來說，就是給孩子一個幸福的家。這句話看似簡單，實際做起來卻難度頗大。這裡有個問題需要思考，怎樣才能讓孩子覺得幸福？

我們首先要明確的是，幸福不是給孩子買最漂亮的衣服，送最昂貴的玩具，幸福是讓孩子覺得自己是重要的。讓孩子在健康的家庭環境中成長，並不是溺愛嬌慣孩子，讓孩子參與家庭事務中來，把孩子當作家庭的一分子，而不是照顧的對象。這樣既可以讓孩子有歸屬感，也鍛鍊了孩子。

舉一個最簡單的例子，美國孩子在很小的時候，就幫父母做一些能力所及的家事換取自己的零用錢。這樣做的好處是可以培養孩子的責任感，讓孩子體會到自己是可以為家有所貢獻。

## 第二條：希望法則

讓孩子看到希望。能看到希望的孩子必然是一個充滿樂觀的孩子，而充滿樂觀的孩子才能在痛苦中看到希望。因此，美國的父母不會在孩子的面前大聲叫嚷著：「你怎麼這麼笨？」，「你怎麼什麼都不會？」，「你以後能做什麼啊？」之類的話語。相反，他們會一直鼓勵自己的孩子，「我真為孩子感到自豪」，「我認為孩子很努力」。

## 第三條：力量法則

父母和孩子之間的角逐不是誰比誰的力氣大，而是誰比誰更有理。

即使我們是為孩子好，也要注意方式、方法。尤其是處於叛逆期的孩子是無法忍受父母的「高壓」，所以父母永遠也不要和孩子硬碰硬。

美國的父母不會想著要在生活上壓過孩子一頭，孩子不論做什麼都必須要聽從父母的。如果孩子屈服於「威逼利誘」之下，不是父母取得了勝利，而是父母和孩子之間不平等的證明。

## 第四條：管理法則

在孩子未成年以前，管束是父母的責任。

這裡需要強調的是「未成年以前」。當孩子還沒有成人的時候，孩子是無法為自己的行為負責。所以需要父母的照顧和提醒。

當孩子成人以後，父母就不能把孩子拘束在家裡。美國的孩子在成年之後，通常都會和父母分開居住，這意味著他們也是成人，已經能夠為自己的行為負責。父母如果這時候還對孩子的生活挑三揀四，這對孩子來說是一種不信任和干涉的表現。

## 第五條：聲音法則

要傾聽孩子的聲音。這一條，只要是父母都明白它對於孩子想像力、思維能力和父母與孩子之間親密和諧關係的重要作用。

## 第六條：榜樣法則

對孩子來說，榜樣不僅包括身邊的人，比如父母，還包括存在於孩子腦海中的那些偶像。父母是孩子模仿的對象，父母做為孩子的榜樣，對孩子品行的形成，影響是巨大的。偶像是孩子所喜歡、所渴望成為的那個人。美國的父母不會干涉孩子喜歡誰，但會引導孩子正確的喜歡誰。

## 第七條：求同存異法則

尊重並保留孩子對世界的看法，並盡量理解他們，不要苛求孩子擁有和自己同樣的價值觀。

## 第八條：懲罰法則

對犯錯的孩子進行懲罰。但美國父母對這一法則慎用，因為它容易使孩子產生叛逆和報復心理。

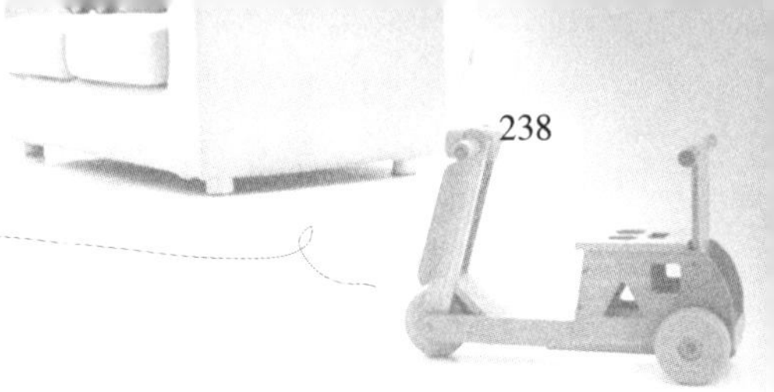

### 第九條：後果法則

美國的父母可以容忍孩子犯錯，但不能容忍孩子不對自己的行為負責。所以，美國的父母要求孩子在做事之前，明確自己的行為會不會產生一些後果，如果產生應該怎樣處理。

### 第十條：結構法則

教孩子從小瞭解道德和法律的界限。

### 第十一條：「二十碼」法則

這條法則並不是真的要求孩子與父母之間保持二十碼的距離，而是要求父母給孩子一定的空間。

### 第十二條：「四何」法則

任何情況下都要瞭解孩子跟何人在一起、在何地方、在做何事，以及何時回家。

這雖然不是美國家庭教育的全貌，但窺見一斑而知全貌，我們可以從中發現美國家庭教育的一些端倪。

從這十二條法則中可以發現，美國家庭教育的目的，著重於把孩子培養成具有適應各種環境和獨立生存能力的「社會人」，而不是讓孩子「成為什麼樣的人」。

「社會人」是一個比較寬泛的概念，相較於「成為什麼樣的人」這樣一個具體的目標來說，是比較容易實現的。因為人一生下來就已經融入社會了，而父母所做的只不過是讓孩子以一種積極的心態對待社會中的任何事。所以美國父母大都抱著一種輕鬆的心態來教育孩子，只要孩子能夠做一個快樂的而且能夠給別人帶來快樂的人，就算達到目的。

相較於美國父母的「放羊式」的教育心態，不得不說，我們的教育帶上了功利性的標籤。我們要求孩子學習才藝不是因為孩子喜歡，而是這個社會需要；我們要求孩子考上好大學，有一份體面的工作，也不是因為孩子喜歡，只是因為我們覺得這樣的人生比較保險。而這些都是帶有強烈目的性的要求，這種要求可怕的地方不僅僅在於我們培養出「千篇一律」的孩子，而是所有的父母都抱有這樣的心態。當所有父母都只為了讓孩子找一份穩定的工作而嚴格要求自己的孩子時，孩子會發現就業越來越困難，高學歷越來越沒有用，於是，危機也就隨之而來了。

而且我們一直在幫孩子做決定，小到今天孩子吃什麼、穿什麼，大到孩子未來的目標方向，通常都是孩子按照父母的意願進行抉擇。這樣做的後果就是我們的孩子依賴性會比較強。

而美國家庭教育更注重培養孩子的獨立性和自主性。十二條法則中的求同存異法則、後果法則、「二十碼」法則都在強調獨立自主對孩子的重要性。

美國的父母在孩子很小的時候就讓要他自己穿衣、吃飯，稍大一點就讓孩子做一些能力所及的家事，等到大一點就鼓勵孩子勤工儉學。每一年的寒暑假，美國的孩子都會選擇打工賺學費。

正是因為孩子從小到大都處在一個「自己的事情自己做」的氛圍中，所以美國的孩子遇到困難和挫折，他們首先想到的並不是該如何向父母求救，而是自己應該怎麼辦。他們願意聽從父母的建議，但並不一定按照父母的建議去做，這也是大多數美國孩子對父母的態度。能夠遠離對父母的依賴，從這一點上美國的孩子在競爭中就更處於優勢。

我們並不是要誇獎美國家庭教育有多好，只是透過這最基本的十二條法則認清我們的家庭教育到底差在哪裡，應該如何改正，這才是最重要的。

**教子箴言**

1. 世界上沒有哪種教育更好，只有哪種教育更適合自己的孩子。
2. 沒有父母的成長，便沒有孩子的成長。
3. 我們要變「美國的父母」為「我們」。

# 第六節 孩子當自立——日本自立教育法

「孩子，別害怕！為了科學研究，你就是把家裡的房屋全拆了，把地全毀了，我也絕不埋怨你。」

——諾貝爾物理獎得獎者卡曼林．昂尼斯小時候一次做實驗把自家房子不慎燒毀，十幾歲的他怕父母責罰躲到郊外，父母找到他後第一句話就是這麼說的。

日本有句教育孩子的名言：除了陽光和空氣是大自然的賜予，其餘的一切都要透過勞動才能獲得。在這種教育理念的指導下，許多日本父母十分注意培養孩子的自立能力。

孩子很小的時候就單獨睡覺，不管屋子多小，父母都會搭一張小床給孩子。再大一點的時候，父母就會讓孩子自己收拾自己的床鋪。

兩、三歲的孩子和父母一起逛街，父母也不會牽著自己的孩子，更不用說抱著孩子了。常常會看到孩子「很辛苦」地跟在父母的後面。

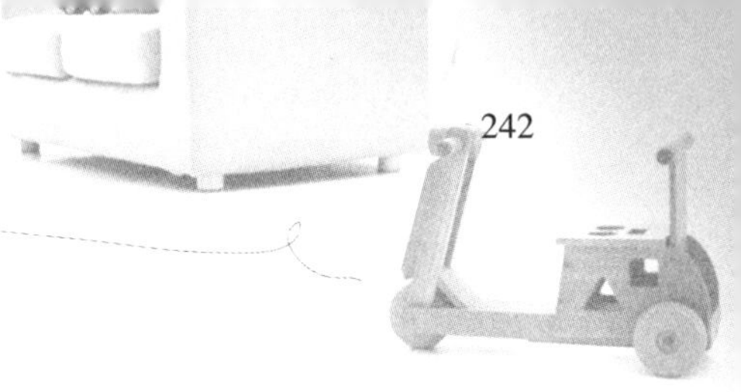

孩子到了上學的年齡，父母就會「放任不管」，讓孩子完全行動了。自己上下學，自己收拾自己的房間，自己處理自己的事情。

在父母的這種有意的培養和引導下，日本孩子很小就有很強的獨立意識。

## 日本孩子的抗寒能力

我們在看電視的時候，常常看到即使是在寒冬，日本的小女孩也穿著及膝的短裙，當時還以為是現在的小女孩太愛漂亮了，現在才知道是自己沒有常識，原來這是為了鍛鍊孩子的抗寒能力。為了避免長大後成為「溫室裡的花朵」，日本父母認為孩子只有少穿衣才能增強皮膚的調節能力，進而提高抗寒能力，預防生病。

在孩子很小的時候，即使是在冬天，日本的父母也會讓孩子光著腳，小學生常常會在雪地裡赤裸上身進行抗寒能力的訓練。

為了鍛鍊孩子的耐寒力，日本的學校會在寒冬裡讓孩子參加特殊鍛鍊。一家幼稚園的四百多名小朋友在操場上用乾毛巾摩擦身體；舉行「冬季持久走」大會，在零度的天氣裡，每個小學生都會在課餘時間，到操場上跑步訓練耐力。孩子們一身短衣短褲的打扮，甚至有的孩子上身什麼也不穿，打著赤腳，在雪地裡奔跑。

這已經成為日本人的傳統。日本人認為，一個孩子只有耐得住寒冷，忍受得住來自身體上的考驗，才能忍受得住生活的磨練。

如今，在日本已經形成一種共識：讓孩子在冬天穿短褲短裙、冬季洗冷水澡，在潛移默化中培養孩子的意志力。

而我們的觀念似乎正好相反，我們認為孩子的抗寒能力差，所以一定不能讓孩子凍著。秋天才剛來臨，我們就開始擔心孩子穿的夠不夠厚，會不會著涼，一旦看到孩子穿的很少，我們就會囉哩囉嗦地讓孩子多加衣服。

## 日本孩子的小背包

日本孩子的小背包是日本的一道亮麗的風景線。

在日本，如果父母和孩子一起外出旅遊，無論是乘車還是坐船，常常會看到孩子身上都會背著一個小小的背包。背包不是很大，裡面裝的也就是孩子使用的一些生活用品，比如毛巾、牙刷、牙膏、水杯、手帕、紙巾、零用錢之類的。其實，這些生活用品根本不佔地方，照著我們的做法，我們會把孩子的東西收到自己的手提包裡，等到孩子需要的時候再拿出來給孩子。

可是為什麼日本的父母會要孩子自己背呢？他們認為，這是孩子自己的東西，應該讓孩子自己背著。這也是為了讓孩子從小就懂得自己的事情自己做，這樣孩子長大後，孩子的獨立性會增強。

所以，哪怕是平時上街、逛公園，日本的孩子也會背個小背包。無論孩子多小，即使還在蹣跚學步的小孩子，父母也會給孩子準備一個空包讓孩子背著。因為這對孩子來說，背起它，就是背起一份自己對自己的責任。

而且孩子上學以後，無論離家再遠，無論書包再重，每天孩子都要自己背著重重的書包，或坐電車、或騎車、或步行，自己一個人上下學。

## 廚房育兒

日本最近興起「廚房育兒」的熱潮。「兒童烹飪」和「廚房育兒」儼然成為日本家庭最時髦的休閒活動。

在我們看來，讓孩子幫個忙、洗個菜什麼的，還是可以的，但讓孩子下廚做飯還是覺得危險。而日本有的小孩才三、四歲就跟著媽媽下廚，看媽媽做飯炒菜，做媽媽的也會引導孩子做一些可愛的小點心。

日本的學校每月也會有專門的料理課，教導孩子如何做菜。雖然如此，有的日本父母還會讓孩子上烹飪學校，在烹飪班裡，家長會在一旁看著自己的孩子學做飯燒菜，不管孩子做的好，還是壞，家長都不會苛責孩子。在父母看來，讓孩子做飯只是讓孩子對做家事提起興趣，進而培養孩子的動手能力。

日本的父母認為做飯是每個人最低限度的生活能力，也是培養孩子自立能力最好的課堂。

## 培養孩子的動手能力

日本父母認為，想要讓孩子自立，首先要培養孩子的動手能力。他們認為，孩子在動手的過程中，孩子的責任感會得到培養。因此，在學校裡，學生要當清潔工。即使是在高溫的天氣裡，孩子也會認認真真地完成自己份內的打掃工作。另外，每所中小學都有一片農業實習園地和一個工業實習廠房，方便學生種植花草、蔬菜、糧食作物，學習手工勞作，讓孩子在實習中學習，鍛鍊孩子的動手能力。

## 教育孩子自力更生

從三歲起，日本的父母就已經開始教育孩子學習基本的生活技能了，吃飯、穿衣、穿鞋都讓孩子自己來。六歲的孩子就要養成獨立生活的能力，而且大部分日本父母都會要求孩子做家事，諸如幫忙做飯，自己的衣物自己清洗，自己的房間自己整理，自己的東西自己買之類的。日本父母經常教育自己的孩子：「自己的事情自己做，不要麻煩別人。」教育孩子自力更生。

孩子上了大學之後，日本的父母就不再給孩子生活費，孩子不僅要好好學習自己的課業，還要自己打工賺取生活費。很多大學生都會在課餘時間端盤子、洗碗、售貨、照顧老人，即使有錢家的孩子也不例外。

對此，日本父母解釋說：「這樣做是為了讓孩子從小知道生活的艱辛，這樣他長大後才能知道怎樣把握自己，才能在社會上站穩腳跟。」

自立是一個人在社會上安身立命的根本。日本的父母在孩子成長的每一個階段都注重培養孩子的自理能力，給孩子創造自立的空間。在這種環境中長大的孩子，會更能適應現代社會的激烈競爭。

**教子箴言**

1. 我們不得不稱讚日本的自立教育，但在稱讚的同時，更重要的是學習。
2. 學習不一定是全盤接受，每個國家都有自己獨特的文化背景，我們要學習的不是形式，而是精神和內涵。
3. 我們在教育孩子獨立的過程中，要注意把握「度」。任何人都應該有自尊心、自信心、獨立性，但自尊不是輕人，自信不是自滿，獨立不是孤獨。在培養孩子自立的同時，不要忘記教育孩子學會團結合作。

# 第七節 無規矩不成方圓——瑞士孩子的家庭教育

「孩子，我相信你可以的。媽媽也曾經有這樣的夢想，只是當我覺得自己做一個讓病人喜歡的護士更合適時就放棄了。現在，對你來說，也許正是實現這個夢想的最好時機。」

——一個男孩十五歲時告訴母親說自己將來要競選美國總統，母親這樣回答他。這個男孩就是美國前任總統比爾．柯林頓。

瑞士屬於歐洲發達國家，在教育理念上有許多值得我們學習的地方。瑞士的家庭教育也有著瑞士人獨有的特點，比如瑞士人重視時間，讓孩子擁有時間意識；重視規則教育，讓孩子養成良好的生活作息習慣等等。每個國家的父母都有著屬於本民族的一套家教理論，我們要學習一些長處，運用在自己的家庭教育中。

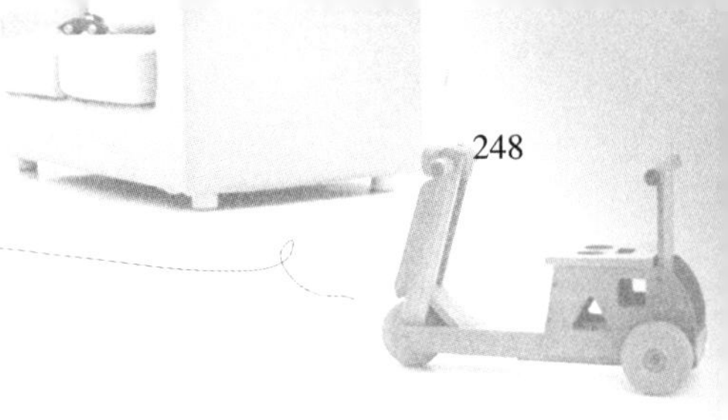

## 無規矩不成方圓

瑞士人講規則這是世界公認的。瑞士的家庭教育是非常重視規則教育的，瑞士父母教孩子怎樣遵守交通規則，如何過馬路，遇到緊急情況怎麼處理，如何幫助父母進行垃圾分類等等。

在瑞士的學校，要求每個孩子都準備一雙乾淨的鞋子放在教室，必須換上乾淨的鞋子，以保持教室的清潔。在教室門口，每個孩子都有一個小格子，上面貼有姓名，他們進教室時，都會將自己的外衣和雜物整整齊齊地放在格子裡。所以，每個孩子從小就養成了整潔和愛護環境的習慣。

瑞士的垃圾是分類處理的。在德語區，每家的垃圾袋多達五個，一個裝生活垃圾，比如剩菜、果皮等有機物，回收後可以生產肥料；一個裝報紙和廢紙，一個裝玻璃瓶子，一個裝塑膠瓶子，另一個裝一般性的生活垃圾。瑞士的大人、小孩都不厭其煩，對垃圾認真分類，投入不同的垃圾箱。據瞭解，瑞士進行垃圾分類已有三十多年了。

瑞士人非常愛清潔，很少亂丟廢棄物。他們不僅家裡窗明几淨，多數公共場所也是如此。這顯然是有效的規則教育和社會公德教育的結果。

有這樣一個經典的故事：中國WTO首席談判代表龍永圖在瑞士與幾個朋友去公園散步。上廁所時，聽到隔壁廁所裡發出「砰砰」的聲音，當時他很納悶。走出廁所後，一個女士很著急地問他有沒有看到她的孩子，她的孩子進廁所十多分鐘還沒有出來，她又不能上男廁找。

想起隔壁廁所的響聲，他進去打開廁所的門，看到一個七、八歲的小孩在修抽水馬桶，急得滿頭大汗。那小孩說：「我得把馬桶修好，把水沖乾淨讓下一個人用。」

由此可以看出瑞士孩子的規則意識是多麼強烈。在這種教育下，瑞士孩子尊重規則，就像這個小男孩一樣，他知道不沖水是不對的。所以他才會花費那麼長的時間去修理抽水馬桶，目的就是為了遵守規則。

## 時間是最大的財富

一位南美的駭客透過網際網路侵入到瑞士的戶籍網路，順利地把自己剛出生的兒子註冊為瑞士人之後，開始填寫有關的表格。在填寫財產這一欄時，他隨便敲了一個數字：3.6萬瑞士法郎。這位駭客確信自己做得天衣無縫，然而不到三天，瑞士當局就發現了他們國家多了一位假居民，並迅速註銷。令人意想不到的是，查出這位假居民的並非是瑞士戶籍管理人員，而是一位家庭主婦。她在為自己的女兒註冊戶口時，對前一位在財產欄中填3.6萬法郎的人產生了懷疑。因為所有瑞士人在為孩子填所擁有的財產時，寫的都是「時間」二字。他們認為，對一個人，尤其是對一個剛出生的孩子來講，他（她）所擁有的財富，除了時間之外，再也不會有其他的東西。

就像猶太人具有超強的經商能力一樣，瑞士人把時間當作自己的最大財富。瑞士的父母在孩子很小的時候就告訴孩子，除了時間你別無所有，並要求孩子在有限的時間裡能夠創造出屬於自己的成功。這種意識深深地影響著瑞士一代又一代的孩子，或許瑞士的鐘錶行業如此發達，就和瑞士人的時間意識有著莫大的關係。

## 瑞士的隨時家教

不得不說，瑞士的父母是最擅長於「見縫插針」的教育孩子。瑞士的父母在平時的生活中可以隨時隨地發現孩子的問題，並採取措施將「問題」扼殺於萌芽階段。這麼做，一方面可以讓孩子在第一時間明白自己的錯誤在哪，避免孩子犯同樣的錯誤；另一方面便於父母「就事論事」地解決這個問題，這對脫離「事件」的簡單說教，更能加深孩子的影響。此外，瑞士的父母很善於掌握家教的「最佳時機」。比如孩子外出郊遊，與人交往，做家事時，在孩子獲得成績時，犯錯誤時，瑞士的父母都不會放過教育的時機，這種隨時隨地的教育對孩子的影響是顯而易見的。

孩子成長的每一步，基本上都有父母的陪伴，父母時時刻刻教育孩子，不要亂扔垃圾、不要浪費糧食、要保護環境等等。這些都是生活的小細節，孩子從生活中學習，從父母的循循善誘中學習，這種記憶是很深刻的，所以瑞士的孩子常常能夠養成良好的生活習慣。

## 瑞士的「半權威」家教

這是瑞士教育專家最新提出的家庭教育方式。所謂「半權威」家教，就是父母不任憑孩子隨心所欲的生活，隨心所欲的為人處世。瑞士的父母認為這樣做只會讓孩子變得跋扈，有的甚至到了為所欲為的地步，更嚴重的是這些孩子長大以後在複雜的人際交往中常常會感到受到排擠。

因此，在瑞士，當孩子做法不當的時候，父母勇於拒絕孩子的不合理要求。比如當孩子不願意寫作業，瑞士的父母會清楚地告訴孩子你要先寫完作業，才能做別的事情。孩子是比較頑皮的，有時候輕聲細語並不能完全解決問題。雖然這種「要求」第一次有可能會傷害到孩子，但父母如果堅持自己的立場，讓孩子知道什麼是對的，什麼是錯的，慢慢地孩子就會適應，並會逐步養成良好的習慣。

## 瑞士的獨立自主教育

瑞士孩子的獨立自主意識是被我們所稱讚的，這種教育離不開家庭的薰陶。瑞士的父母會讓孩子自小就具備一技之長的概念，讓孩子明白自己要做一個自食其力的勞動者，讓孩子知道自己的存在和努力是為這個社會做出貢獻的。所以瑞士即使沒有開設思想政治課，瑞士孩子的愛國意識還是很強烈。

在瑞士，不論孩子多大或多小，孩子就和父母一起做家事，鋤草坪，整修自家的車庫，或是給家裡的小花園和陽臺裝扮一新。男孩子與爸爸一起做較粗重的家事，女孩子和媽媽一起清洗房間，洗衣做飯，在家庭這個第一所學校裡，孩子們可以耳濡目染地學到很多的生活技能。

在這種家庭教育的影響下，瑞士孩子的動手能力很強。在瑞士的小鎮，常常會看到孩子推銷自己自製的玩具、點心、糖果和一些小工藝品，他們把賺來的錢用來買自己感興趣的東西。有的孩子還會上門推銷自己的商品，為了鼓勵孩子的這種行為，瑞士的父母會很有耐心地接待這些「小推銷員」，雖然他們賣出的東西比超級市場裡的東西要貴上一點，但一般人都願意成全孩子們的這種自食其力的行為。

孩子賺的錢常常會用來做一些自己喜歡的事情，比如瑞士的孩子很喜歡滑雪，所以他們常常會自掏腰包去滑雪，而不是向父母要錢。

瑞士是一個人口和國土面積都很小的國家，這個國家的居民相較美國、德國等發達國家的生存壓力還是小了很多。所以瑞士父母有時間、有精力關心孩子成長的每一步，對孩子的成長給予更多的關懷。

**教子箴言**

1. 讓孩子獨立完成他所從事的工作，哪怕不會有積極的結果。
2. 鼓勵孩子發現問題，自己動手解決問題。
3. 家庭教育的主角有兩個，一個是父母，一個是孩子。父母應該把握分寸，堅持自己的原則，讓孩子明白什麼是正確的，什麼是錯誤的。既不要傷害孩子，也不要溺愛孩子。

# 第八節 給孩子多一點自由——法國孩子的家庭教育

「你們不瞭解我的孩子，他非常聰明，他不是在搗亂，而是好奇。你們不懂得教育，我來親自教育他。」

——一個小男孩上國小時，對許多事物都好奇，看到氣球能在充滿氣之後飛上天，就找來一些發酵粉，動員想上天的同學來吃。不幸的是，吃了發酵粉的同學胃痛得在地上打滾。校長瞭解了情況後，非常生氣：「又是你這個搗蛋鬼，以後不要再來上學了！」兒子被學校開除，母親非常氣憤地表示學校不懂教育，並將兒子接回家，親自給他上課，鼓勵他繼續做實驗。這個男孩就是愛迪生，一生發明的東西高達1628項。

法國是一個骨子裡有著浪漫細胞的國家。法國父母常常會帶著自己的孩子去感受外面的世界。因此，法國的家庭教育和其他歐洲國家相比有著自己獨特的魅力。

## 尊重孩子是第一位的

法國人認為尊重孩子是第一位的。在法國，如果孩子犯了錯，大部分的法國父母不會先指責孩子，而是先問事情的原因，詢問孩子當時的想法。在瞭解了整個事情的經過之後，父母才會教育孩子。這樣做的好處一方面是孩子知道自己到底錯在哪裡，另一方面是父母在瞭解了事情的前因後果之後，對孩子進行教育，這種方式會使孩子和父母之間形成相互信賴的關係。

對於年齡較小的孩子，法國父母通常會採取對話的形式進行教育，父母和孩子之間一問一答，透過對話，孩子明白自己哪裡做對了，哪裡做錯了，應該怎樣改正。法國父母對孩子常常是採取一種「放任」的態度，從來不會要求孩子你應該怎樣做，而是讓孩子自己明白自己應該怎樣做，然後孩子自己主動去做。法國父母會認為孩子是一個擁有獨立人格的完整的人，他們通常會尊重孩子的人格。

「給孩子寬鬆的環境，多給他們一點自由。」這是法國父母一般的做法。法國的父母會給孩子更多的選擇權，讓孩子自己選擇自己所喜歡的、所感興趣的。這和我們的教育方式是不同的，我們常常會給孩子設計好人生道路，很少會考慮到孩子的喜好。

## 法國的感性教育

法國的幼兒教育基本上是圍繞著感性教育進行的。法國之所以是時尚之都，培養了如此眾多的藝術家，和法國從小就進行的感性教育有著密切的關係。

法國感性教育的重點是對孩子進行音樂和美術教育。以美術教育來說，法國本身就有著自己的優勢，知名的畫家非常多，展覽館也非常的多，節日、假日的時候，法國父母會帶著孩子去展覽館欣賞大師的名作，這對孩子的影響非常巨大。

法國父母不僅要求孩子會欣賞，還會培養孩子的動手能力。在家裡，父母會在牆上貼很多可以繪畫的紙張，擺放很多繪畫的工具，方便孩子隨手畫畫。在這種教育環境下，法國孩子在面對一幅畫時，會明白這幅畫的構圖，能夠說出自己的感想。

而且法國父母會讓孩子在大自然中學習，帶著孩子到自然中去玩耍，這不僅可以放鬆孩子的身心，而且大自然中的景象、色彩千變萬化，孩子常常會從大自然中發現不同於日常生活的種種景物，這同樣是一種行之有效的教育方法。

## 法國幽默和浪漫的家庭教育

法國人非常注重「情趣」。在這種根深蒂固的思想影響下，法國人非常注重幽默和浪漫，即使在孩子的家庭教育中也不例外。

在遇到衝突時，法國的父母常常會讓孩子用幽默的方式對待。關於這一點，法國父母在言傳身教的同時，會給孩子說一些幽默的小故事。這些幽默的故事常常是名人。比如馬克．吐溫是美國著名的作家，關於他的幽默是人們所津津樂道的。有一年「愚人節」，紐約的一家報紙與馬克．吐溫開了個玩笑，報導說：「馬克．吐溫某月某日辭世了。」當馬克．吐溫親自迎接那些弔唁的朋友時，許多人又驚訝又氣憤，紛紛譴責那些不負責任的報紙，但是馬克．吐溫一點也不發火，而是詼諧地說：「報紙報導我死是千真萬確的，只是日期提前了一下。」大家聽了都開懷大笑。

法國人非常看重這種幽默意識的培養，法國父母認為孩子如果能夠用幽默來化解衝突，從長遠來說，會擁有很好的人緣。而且幽默的孩子通常是樂觀積極的，能夠坦然面對矛盾和衝突。

## 法國孩子的理財教育

法國人不僅浪漫而且非常喜歡消費，孩子不僅會受到熱衷於消費的父母影響，而且法國本身就是時尚之都，是購物者的天堂，這無時無刻不在刺激著孩子的消費慾望。

所以，法國父母主張給孩子零用錢，不管孩子多小，父母們認為，孩子也會有自己的需要，有自己想買的東西，有自己的特殊需要。因此，法國父母會非常尊重孩子的需求，按時給孩子發放零用錢。

但為了避免孩子亂花錢，法國父母在孩子三、四歲的時候，就開始對孩子進行理財教育。這或許是世界上最早對孩子進行理財教育的國家了。法國父母會在家庭理財課上，讓孩子區分不同面額的錢幣，讓孩子明白金錢的作用，如何使用金錢來購買東西。進而讓孩子有理財的概念。

法國父母認為，讓孩子有一定的經濟實力，有利於培養孩子的獨立意識。而且法國父母會鼓勵自己的孩子花小錢，透過孩子花小錢，和孩子討論，什麼是應該買的，什麼是不應該買的。進而幫助孩子分析他的消費觀念是否合理，讓孩子從中汲取經驗和教訓，以免孩子在花大錢的地方出現過錯。

而且，法國父母也會隨著孩子慢慢長大，逐漸增加孩子的零用錢。在孩子十歲左右，大多數法國父母就會給自己的孩子在銀行開設一個個人理財帳戶，並在帳戶中給孩子存上一筆錢，而且這筆錢的數目通常不會太少，動輒上千或者數千法郎。法國父母是這樣解釋自己的這種行為的，他們只是想讓孩子從小就學會明智和科學的理財。

當然，這並非說父母不再關心孩子如何消費這一筆錢的，相反，法國父母會很關心孩子的消費狀況，時時關心孩子的消費，並充當孩子的理財顧問，讓孩子的消費時刻保持在一種正常和穩定的狀態。當然，孩子有了自己的獨立帳戶之後，就不會再給零用錢了，這也是避免孩子誤以為向父母索取零用錢是理所當然的事情。

從法國的家庭教育中，我們可以看到法國人的一些性格特點：浪漫，幽默，注重消費。當然法國父母也會和其他國家的父母一樣，注重培養孩子的獨立性和動手能力。

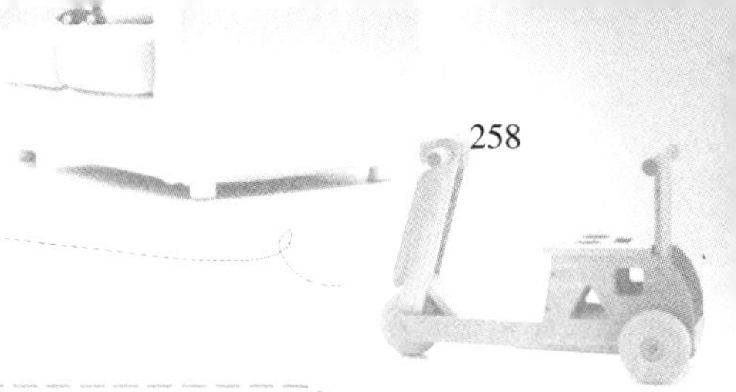

## 教子箴言

1.古希臘著名教育家、哲人柏拉圖有句名言：「一個人從小所受的教育把他往哪裡引導，能決定他後來往哪裡走。」

2.從小就對孩子進行理財教育是必要的。既要讓孩子花錢，又要讓孩子所花的錢是合理的。

3.無論怎樣，都要讓孩子學會獨立和自主。

國家圖書館出版品預行編目資料

孩子吃苦有學問／江慧著.
——第一版—— 臺北市：宇河文化 出版；
紅螞蟻圖書發行， 2011.4
面　　公分——(父母大學；11)
ISBN 978--957-659-840-1（平裝）

1.親職教育 2.父母與子女

528.21　　100004861

父母大學 11

孩子吃苦有學問

作　　者／江慧
美術構成／ Chris' office
校　　對／鍾佳穎、周英嬌、楊安妮
發 行 人／賴秀珍
榮譽總監／張錦基
總 編 輯／何南輝
出　　版／宇河文化出版有限公司
發　　行／紅螞蟻圖書有限公司
地　　址／台北市內湖區舊宗路二段121巷28號4F
網　　站／ www.e-redant.com
郵撥帳號／1604621-1　紅螞蟻圖書有限公司
電　　話／(02)2795-3656（代表號）
傳　　眞／(02)2795-4100
登 記 證／局版北市業字第1446號
港澳總經銷／和平圖書有限公司
地　　址／香港柴灣嘉業街12號百樂門大廈17F
電　　話／(852)2804-6687
法律顧問／許晏賓律師
印 刷 廠／鴻運彩色印刷有限公司
出版日期／2011年 4 月　第一版第一刷

**定價 250 元　港幣 83 元**



**ISBN 978-957-659-840-1　　Printed in Taiwan**